U0735782

北京出版集团公司
北京教育出版社

白巍 戴和冰 主编
李印东 著

Chinese
Wushu

武道神艺

中国武术

在现代文明的疲惫中重温内外兼修的愉悦

中华文明探微

展现悠久历史 Embody the long history
探寻中华文明 Explore the Chinese civilization

图书在版编目（CIP）数据

武道神艺：中国武术 / 李印东著. — 北京 ：北京
教育出版社， 2013.4
（中华文明探微 / 白巍，戴和冰主编）
ISBN 978-7-5522-1081-1

I. ①武… II. ①李… III. ①武术—介绍—中国
IV. ①G852

中国版本图书馆CIP数据核字（2012）第216180号

中华文明探微

武道神艺
中国武术
WUDAO SHENYI

白　巍　戴和冰　主编
李印东　著

出　版	北京出版集团公司 北京教育出版社
地　址	北京北三环中路6号
邮　编	100120
网　址	www.bph.com.cn
总发行	北京出版集团公司
经　销	新华书店
印　刷	滨州传媒集团印务有限公司
版印次	2013年4月第1版 2018年11月第3次印刷
开　本	700毫米×960毫米 1/16
印　张	10
字　数	110千字
书　号	ISBN 978-7-5522-1081-1
定　价	36.00元
质量监督电话	010-58572393

总　序

　　时下介绍传统文化的书籍实在很多，大约都是希望通过自己的妙笔让下一代知道过去，了解传统；希望启发人们在纷繁的现代生活中寻找智慧，安顿心灵。学者们能放下身段，走到文化普及的行列里，是件好事。《中华文明探微》书系的作者正是这样一批学养有素的专家。他们整理体现中华民族文化精髓诸多方面，不炫耀材料占有，去除文字的艰涩，深入浅出，使之通俗易懂；打破了以往写史、写教科书的方式，从中国汉字、戏曲、音乐、绘画、园林、建筑、曲艺、医药、传统工艺、武术、服饰、节气、神话、玉器、青铜器、书法、文学、科技等内容庞杂、博大精美、有深厚底蕴的中国传统文化中撷取一个个闪闪的光点，关照承继关系，尤其注重其在现实生活中的生命性，娓娓道来。一张张承载着历史的精美图片与流畅的文字相呼应，直观、具体、形象，把僵硬久远的过去拉到我们眼前。本书系可说是老少皆宜，每位读者从中都会有所收获。阅读本是件美事，读而能静，静而能思，思而能智，赏心悦目，何乐不为？

　　文化是一个民族的血脉和灵魂，是人民的精神家园。文化是一个民族得以不断创新、永续发展的动力。在人类发展的历史中，中华民族的文明是唯一一个连续5000余年而从未中断的古老文明。在漫长的历史进程中，中华民族勤劳善良，不屈不挠，勇于探索；崇尚自然，感受自然，认识自然，与自然和谐相处；在平凡的生活中，积极进取，乐观向上，善待生命；乐于包容，不排斥外来文化，善于吸收、借鉴、改造，使其与本民族文化相融合，兼容并蓄。她的智慧，她的创造力，是世界文明进步史的一部分。在今天，她更以前所未有的新面貌，充满朝气、充满活力地向前迈进，追求和平，追求幸福，勇担责任，充满爱心，显现出中华民族一直以来的达观、平和、爱人、爱天地万物的优秀传统。

　　什么是传统？传统就是活着的文化。中国的传统文化在数千年的历史中产生、演变，发展到今天，现代人理应薪火相传，不断注入新的生命力，将其延续下去。在实践中前行，在前行中创造历史。厚德载物，自强不息。是为序。

汤一介

序

大道寻真武与文

　　中国武术，旧称"国术"，亦称"武艺"，是中华民族自古代传承发展而来的个人防卫格斗术。武术曾在中华民族史上起到非常之作用，它凝结着中华先民的生存之道，汲取中国传统哲学养分而逐步形成绚丽多彩的文化体系，是中华文明的全息缩影。历史上，武术曾一度被用于战争，然而随着时代的发展，集团作战的军事武艺在战争中逐步被取代，其搏杀本能逐步让位于健身养性。除受父母之命或机缘巧合而习练受益者外，武术逐步淡出了常人的生活，渐行渐远，成为整个民族挥之不去并略带神秘的记忆和小说家天马行空的领域。

　　武术的发展历经了几次重心转移。武术产生于古代氏族部落先民对保护个体生命安全的迫切需要，个人防卫是其本质特征。随着社会分工的深化和私有制的产生，阶级社会出现，早期的武术为后来军事的形成提供了兵器、格斗技术和人员的物质基础。整个冷兵器时代，武术与军事武艺相互交融与渗透，两个方向相互促进且并行不悖，难以明确区分。随着战争规模的扩大和战争形式的改变，集团化的军事武艺与个人防卫技艺的武术产生分野；火器在军事上的普遍使用导致军事武艺退出了战争的历史舞台。鸦片战争后，随着中国社会的转型以及工业文明和法制社会的到来，民间传统武术逐渐失去了赖以生存和传播的土壤。而近代中国社会的健身需求使武术体育化发展的趋势日益明显。不断转换的需求导致武术功能的多样性和最广泛的适应性。

19世纪二三十年代的"土洋体育"之争最终导致了武术自身的历史转折。时至今日，在西方体育科学化的推动下，武术以全新的面貌加入中国现代体育的行列。武术体育化的发展历程，也是中华传统文化逐步与西方文化相适应的过程，从目前来看，这一过程尚未结束。武术伴随中华传统文化一路走来，磕磕绊绊、跌宕起伏。既然作为徒手或持械格斗的技艺武术早已为现代武器所取代，那么武术对于今天的社会还有价值吗？

答案是肯定的，或许我们可以从武术所蕴含的丰富文化内涵里找到。换句话来说，武术文化是武术价值的核心。武术由原始的格斗技艺逐步发展为近代以拳种为特色形态，并且吸收了中国传统哲学中的儒家、道家、佛家和兵家思想，融入了阴阳学说、太极说、五行说等观念，充分体现中华文化"天人合一"观、"知行合一"观，并与中医、艺术等关系密切。毫不夸张地说，中华优秀传统文化要素在武术中体现得最为充分。

与此同时，武术在发展过程中与外界不断交流，从而形成了自己的文化结构，有着武技与武理技术文化、武术行为文化、武术心态文化三个层次。武技与武理技术文化层是由有技击内涵的身体动作及其动作的基本原理组成；人们从事武术实践，在人际交往中约定俗成而构成武术行为文化层，具体体现为武德；武术的心态文化层则是中华民族在从事武术社会实践和意识活动中，长期氤氲化育出来的价值观念、审美情趣和思维方式等。

武术的教化功能也别具特色，这主要体现在武德的传承中，其提倡的忠、义、信、刚、毅、勇、诚的精神信念和仁、宽、恕、礼、让的行为准则，对现代中国具有很深刻的教育意义。"文以泽心，武以观德。"武术练习的长期、艰苦能够磨砺习武者超常的恒心和毅力，并培养其忠信的品格。习武本意首在保家，而当宗族、民族遭遇危难之时，这种保家的动机就会升华为捍卫民族尊严、维护祖国利益的国家意识。历史上曾涌现出众多不屈不挠、以身殉国的英雄人物，做出惊世骇俗的伟大壮举，可见武术文化已经形成爱祖国、爱民族、重大节的优良传统，具有"爱国主义"的文化自觉。

道与武艺相互吸纳与渗透是武术发展过程中的又一重要特征。在内外兼修中武术打通了与道之间的一隙之隔，由搏杀之捍术蜕变为高深之技艺，习练搏杀之技法也渐由一击一刺攻伐之术，转化成入道求真之法门。道以术而彰显，术因道而深邃。用"武道神艺"来总括中国武术颇为贴切。

由于近代中国社会受到外来文化强有力的冲击，以武术为代表的传统文化更成为中华民族精神家园的守望者。它倡导诚信守义、厚德载物、自强不息、爱国保家、勤劳勇敢。无论是对独立人格的塑造、民族精神的培植，还是和谐社会的构建，武术都有其独特价值。它必将为中国和谐社会的构建、民族精神的凝聚和国家复兴的实现发挥独特作用。

　　从文化角度对武术进行全面系统的阐释是我由来已久的心愿，然而，当我具体实施这项工作的时候，难度之大还是超出了我的想象。毕竟武术涉足的领域实在太多，而在对相关知识进行重新梳理时又出现了许多新的问题。由于时间紧迫，本书写作过程中难免挂一漏万，希望读者予以批评指正！

目　录

武道神艺

中国武术

1

武之历史

▌ 起于生存

早在远古时期人类的生存斗争中就孕育了武术的萌芽。为了获得食物、保存自己，攻防能力是必需的，这也是武术产生的源头。原始社会时期，狩猎是人类获取生活资料的重要手段之一。人们除了使用一些简单的工具外，常常依靠徒手的技能捕杀野兽。

大约在六七千年以前，随着生产力的发展和活动方式的转变，原始农业文明逐渐在自然条件较好的区域出现。黄河流域的一些氏族部落开始进入新石器时代中期，石斧、石刀、石锄、石锛、石镞 (图1-1) 等工具已经被广泛地制作和使用。

这些工具一方面在生产中为渔猎所用；另一方面也作为防身的武器。历史上关于原始社会人类为了争夺配偶、生产资料、家族首领的地位以及领土势力范围等原因而发生争斗的记载非常之多。如清代魏禧在《兵迹》卷一中说，太古之世"民物相攫，而有武矣"；《吕氏春秋·荡兵》中记载："未有蚩尤之时，民固剥林木以战矣……争斗之所自来者久矣，不可禁，不可止"；《太白阴经》载有"木兵始于伏羲，至神农之世，削石为

图1-1 石镞

　　镞，即箭头，通称矢锋，汉时叫作镞或镝。在旧石器时代晚期，先民们捕猎时已采用投射方式，最早的箭头已距今28000多年。到了新石器时代，石镞、骨镞和蚌镞都有发现。镞的形制趋向多样化，有双翼、三棱、四棱、扁叶、圆棒形等。

兵"；等等。从这些记载中不难发现，那时的争斗多发生于个人与个人之间或规模较小，并且在争斗中已经有了简单的武术格斗和兵器的雏形。

　　随后，生产力的发展使社会出现了分工，使人的劳动能够生产出超过单纯维持劳动者的生存所必需的产品，这时剥削随之产生。当人类社会进入阶级社会以后，战争便有了阶级奴役的性质。这时进行的战争往往纯粹是为了掠夺。部族规模扩大，私有财产在有权威的首领中有了积累，部族间的武力冲突已经逐步发展成为具有掠夺财富性质的部落战争。（图1-2）战争中，个人的搏杀技能是决定胜败的关键，氏族首领往往是由体格健壮、搏斗能力强者担当。当年幼者逐渐成年后，年长者将搏杀的技艺悉数传授，这就为武术技艺的积蓄和传播提供了基础。这种人与人之间搏杀格斗经验的蓄积和传播成为"武术"的直接来源。

　　另一方面，此时带有锋刃的农具已经远远不能满足作战的需要，于是就出现了专门用来作战的工具——武器。武术及武器的使用既是氏族部落

图1-2 阴山岩画

这是一幅颇为生动的征战图，表现的是远古部落武装冲突中的戈射战。这幅图对胜败双方刻画得很明朗。胜者一方，士兵们披坚执锐、挽弓搭箭，向敌人前后夹攻。他们都头留双辫，有些人头上还插着长长的羽毛（可能为军事首领）；败者一方，光头居多，有的已身首异处，有的正在逃跑，整个画面胜败对比鲜明，很可能是某部落为纪念一次战争胜利而特意刻下的记功图。

打败对手、争夺生存空间的物质条件，又是防御外来侵袭、延续种族的基本保障。这时的武器多用石、骨、木、竹等材料制成（图1-3），形式上也模仿动物的角、爪、牙和鸟喙等带尖钩刃，比宜农宜战的工具具有更大的杀伤力。

相传中华民族就是在这样的氏族战争中产生的，且兵器也是伴随氏族战争而发明和运用的。当时的各个小氏族经过长期的纷争、融合，在中

3

图1-3　骨刀

　　夏代骨刀，刀刃镶嵌红玛瑙，长16 cm，宽3.2 cm，红山文化遗址出土。

华大地上主要形成了以炎帝、黄帝、蚩尤为首领的三大氏族集团。这三大氏族不可避免地发生了激烈的争战，首先是炎帝氏族受到强悍的蚩尤氏族的侵犯，炎帝氏族不敌，被逐出九隅。炎帝氏族在九隅之战后又与黄帝氏族交锋，这就是著名的阪泉之战。擅长火攻的炎帝一开始突袭了黄帝。黄帝派应龙熄灭火焰后，率领熊、罴、貔、貅、貙、虎在阪泉之野（今山西或河北境内）与炎帝摆开战场。（图1-4）经过三次交锋，黄帝彻底战胜炎帝，而黄帝与炎帝两大氏族从此开始结盟，逐渐融合成了以炎黄氏族为主的中华民族。

　　联盟后，炎黄氏族共同面对的劲敌就是蚩尤所领导的氏族集团，两者之间进行了一场大规模的战争。蚩尤氏族拥有先进的冶炼技术，善制兵器，在战争初期占尽优势。双方在战斗中各显神通，经过数个回合的较量，黄帝在涿鹿将蚩尤杀死，取得了最终的胜利。而蚩尤虽然战败被杀，却也因为善制兵器而传下了美名，人们把戈、殳、戟、酋矛、夷矛等兵器的发明都归功于蚩尤，蚩尤也因此被后世尊为"兵神"。

　　就这样，在"物竞天择，适者生存"的环境中，武成了民族赖以生存的先决条件，由此也衍生出一种尚武的风气。那时，凡因怯阵战败而死的

图1-4　阪泉之战

阪泉之战是中国上古时期传说中的一场战争,见于《史记·五帝本纪》。黄帝通过阪泉之战,平息了联盟内部的纷争,众部族推举黄帝为天子,以代替炎帝神农氏。黄帝"内行刀锯,外用甲兵",建立了新的统治秩序。

人,死后要投诸坟茔以罚之。相反,如果是在战场上英勇战死的壮士,其遗孤或双亲每年春秋两季都会受到特殊的礼遇和慰问。在战斗中表现胆怯的懦夫连"演武"这样重要的活动也一律不准参加,可见当时的人们对勇猛与武力的推崇。

正因为武术起源于人类的生存与战争,所以武术与军事(军事武艺)同源而生。若按照出现时间来说,武术早于军事武艺。早期人类为了保护自己的劳动产品而进行的是人与人之间的个体争斗。私有财产出现导致阶级社会萌芽,家族、氏族间为争夺生产资料的群体性战争也应运而生。

随着社会分工细化,生产力水平进一步提高,利益集团的规模在不断

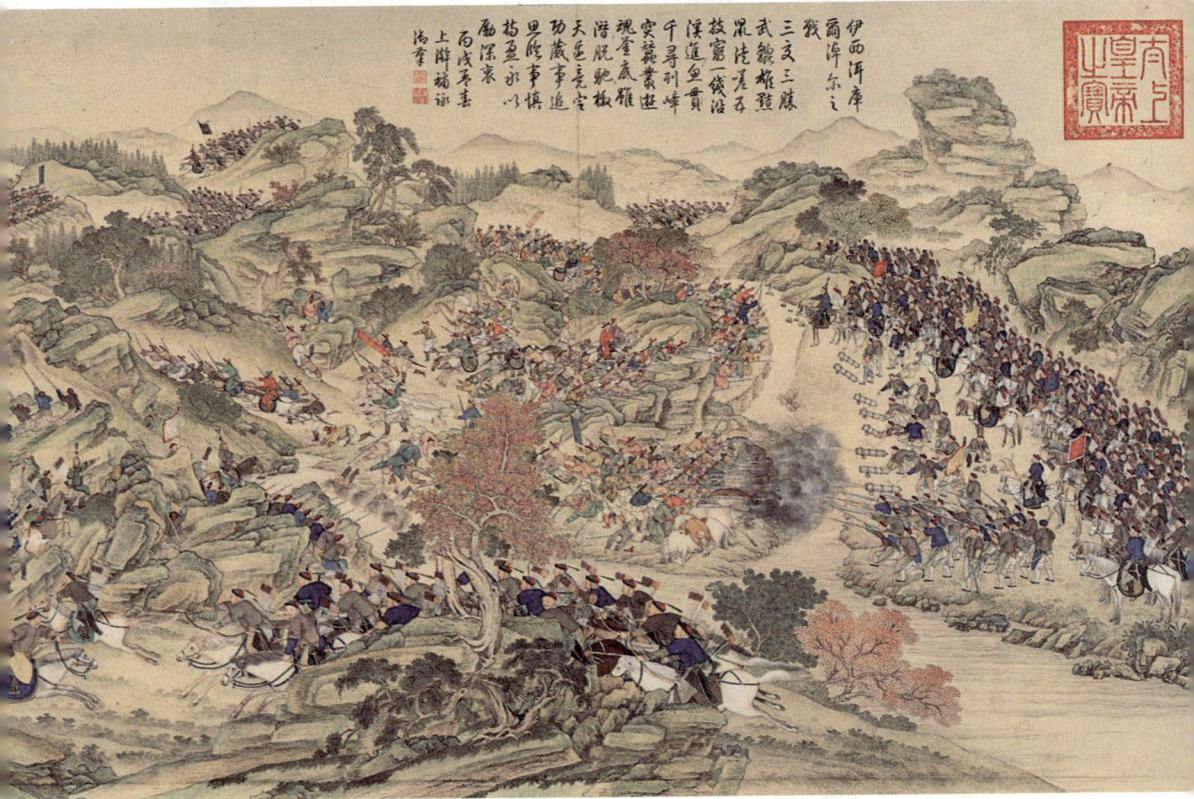

图1-5　伊西洱库尔淖尔之战

　　这幅画由清代宫廷画师所绘，反映的是18世纪中期，清军在新疆平定大小和卓叛乱的战争中采用冷兵器和火器混合的战法一举击败叛军的实景。图中，清军在河右岸以火炮、火枪轰击对岸之敌人，双方隔着溪水用火枪和大炮对射，最终清军的火炮击破了叛军的马阵。

地扩大，权力在不断集中。利益集团间的争斗逐步由小团体私斗发展到有规模的集团作战，集团化军事出现。以两两搏斗为特征的武术并未因为集团军事的出现而消亡，反而在整个冷兵器时代，随着军事武艺的发展呈现快速发展的趋势。一方面，个人的搏杀能力仍然是集团战争决定胜负的重要因素；另一方面，社会动荡引发民间习武自保，这也促进了武术的发展与交流。尽管历代统治阶级对民间武术采取打压的态度，但收效甚微。民间私自结社习武屡禁不止，到明清时期逐步形成源流有序、拳理明晰、风格独特、自成体系、拳种逾百的庞大武术体系。

19世纪以后，随着火器的大量输入，冷兵器时代结束。(图1-5) 1895年，清政府令袁世凯在天津小站编练新建陆军，完全放弃了旧式兵器，开始全面使用枪炮。旧式武艺的军事功能被大大地弱化了，军事武艺与现代军事分道扬镳。光绪二十七年（1901）清王朝宣布废止武举制度。

因此，武术发展史涵盖了与军事产生、交融、发展、分离的完整过程。从武术与军事关系的角度考察中国文明史，我们既可以寻找到氏族公社时期的部落在战争中发展成为统一国家的完整过程，把握军事发展的脉络，又能从作为远古人类个人生存斗争的基本格斗技能到现代武术形式的演进过程中，探寻武术历史的发展规律。

▎文武较量

告别茹毛饮血、人兽共栖的荒蛮生活，人类迎来了文明的曙光。文明与野蛮就如同硬币的两面，彼此相悖却不能分离，正如当今最为先进的科技都用于残酷的战争。武作为中华先民的生存手段，对于中华文明的萌发起着至关重要的作用。

重武轻文

春秋战国时期（公元前770—公元前221）是中华民族由奴隶社会向封建社会过渡的时期，这一时期也是用武最盛的时期。历史记载公元前722—公元前464年的259年中，只有38年没有战争。"春秋之中，弑君三十六，亡国五十二，诸侯奔走不得保其社稷者不可胜数"，上至天子，下至黎民，奔走纷纭，不遑启处，"邦无定交，士无定主"，这一社会现实导致武士的侠风盛行，造就了一批武艺高强的著名武士、剑客。养由基（图1-6）、纪昌就是习射群体中具有代表性的人物。养由基善射，距离柳叶百步而射，百发百中，闻名天下。纪昌为练就神射之功，遵从飞卫建议，三年仰面注视妻子之织布机飞梭，针刺不眨眼皮，最后练成了用箭射悬挂在窗

图1-6 《由基射猿》
（清，吴友如绘）

　　战国时楚王在围猎时遇见一只能够接箭的猿猴。楚王连发三箭，竟然都被这只猿猴接住。楚王大为惊奇，就命人把神箭将军养由基请来，命他射猿。此时，养由基已经封箭了，但是楚王之命不得不从。养由基刚一挽弓搭箭，那对面的猿猴便双眼流泪，似乎知道自己性命难保。后来，猿猴果然被养由基一箭射死。

口的虱子，箭透虱子的心而拴虱子的牛尾不断的神功。

　　武士作为特殊的社会人群，他们意志坚强、恪守信义，愿意为自己的信念出生入死。在生死抉择中，体格强健、武功超群往往是决定性因素，当时的人们普遍崇尚孔武有力。然而，常年征战也造成生灵涂炭、民不聊生，其中一部分掌握文化的士人开始考虑采取何种措施以平息战乱，达到休养生息。于是就产生了各种思想流派，如儒、法、道、墨（图1-7）等。他们互相论战，著书讲学来宣传自己的主张，这也促成了中国第一次学术上的繁荣景象，这就是"百家争鸣"。争鸣中的百家虽各有主张，但他们都有一个共同的目标：抑制重武过度所产生的连年战乱。

　　有一则典故很好地说明了当时武士的情况。

　　齐景公时期齐国有三位著名的勇士：公孙接、田开疆、古冶子。他们武艺高强，为国家立下了赫赫战功。这三人意气相投，结为异姓兄弟，又自恃功高，目中无人，甚至不把国相晏子放在眼里。于是，晏子决定用计谋除掉这三位猛将。

一天，晏子指着招待鲁昭公剩下的两个仙桃对三人说："国君要你们三人按照功劳大小来分这两个桃子。"公孙接性急，列举了自己的功劳后迫不及待地取了一个桃子。田开疆也不甘示弱，赶紧表明自己的战功，取过第二个桃子。古冶子见此非常生气，说道："当年我守护国君渡黄河，杀死河水中的鳖怪，难道功劳不如你们吗？"公孙接、田开疆听后马上醒悟，论功劳和勇气他们都不如古冶子，"取桃不让，是贪也；然而不死，无勇也"。两人觉得对不起朋友，颜面丧尽，立刻拔剑自刎。古冶子看到昔日朋友瞬间亡故，大惊而痛悔，于是也自刎而死。

图1-7 墨子

墨子（前468—前376），战国时期著名的思想家、教育家、科学家、军事家，墨家学派创始人。墨家的传世经典《墨子》内容广博，包括了政治、军事、哲学、科技等方面，同时也是最著名的中国古代守城战术典籍。

区区两个桃子，顷刻间让三位猛将都倒在血泊之中，这就是历史上著名的"二桃杀三士"的故事。古今不少观点认为：晏子足智多谋，兵不血刃，不费吹灰之力就除掉了三个勇士；而三个勇士飞扬跋扈、不懂礼节、有勇无谋，实在可怜可叹。然而，对于此事的评价也有不同观点。唐代的李白在《梁甫吟》中用"力排南山三壮士，齐相杀之费二桃"来讽刺晏子的阴险毒辣。今人也为武士不苟且不偷生，将仁义、勇气和荣誉看得比性命更重要，捍卫理念甚至不惜牺牲生命，心胸坦荡、敢于承担的品格唏嘘

赞叹。不同观点的背后折射的是不同的价值判断，如此截然相反的观点，着实令人思考。

在此，需要对"士"这一阶层进行说明。古代"士"阶层是从平民中分化出来的，他们平时从事耕耘，有战事时出征作战。随着生产力水平的提高和职业的细化，其中有勇力和武艺者不再耕田而专门作为武士 (图1-8)，其社会地位也略高于一般平民。到了春秋时期，王纲解纽，列国争霸，"士"阶层开始出现分化与蜕变，旧社会秩序的解体打破了有史以来贵族垄断知识的局面，使得平民阶层有了出现文人的可能。于是，一部分"士"人专门从文，为统治阶级出谋划策，通过参政而进入上层社会。

而作为国家权力的象征，"皇权"的维系虽不能离开武官所统领的武装力量的保卫，但是武官拥有的"武力"过于强大，又会对"皇权"造成威胁。因此，通过完全依赖于皇权且手无缚鸡之力的文官制衡武官就显得至关重

图1-8　白玉武士俑

战国晚期。武士身高体壮，身着铠甲战袍，面部表情沉着刚毅、忠厚质朴，心态坦然，透出一丝豪放，表现出武士恭敬而谦谨的待命神采，真实而传神地塑造出一位忠于职守、忠心耿耿、尽心尽责的武士形象。

要。文与武集于一身则对皇权威胁更大，所以文与武必须分途，甚至在社会稳定期，"以文驱武"也是统治阶级的基本国策。

重文轻武

统治阶级对"重文轻武便于统治"的认识是付出了许多代价才得到的。统治者在通过武装斗争夺取并建立相对稳定的政权后，都无一例外对民间采取"抑武"政策。在"抑武"的过程中逐渐认识到了"文治"的好处。

图1-9　秦始皇像

　　嬴政（前259—前210），中国历史上最伟大的政治家、战略家、改革家、军事家，首次完成中国统一。对中国和世界历史产生了深远影响，奠定了中国两千多年政治制度的基本格局，被明代思想家李贽誉为"千古一帝"。

用武力灭六国而统一中国后，秦始皇（图1-9）为了维护皇权统治，采取的重大措施之一就是收缴天下兵器，在民间禁武。《史记·秦始皇本纪》载，秦王"收天下兵，聚之咸阳，销以为钟鐻，金人十二，重各千石，置廷宫中"。秦始皇做了中国历史上第一个皇帝，自称"始皇帝"。他规定：自己死后皇位传给子孙时，后继者沿称二世皇帝、三世皇帝……以至万世。秦始皇梦想皇位永远由他一家继承下去，"传之无穷"。然而，传到二世嬴胡亥，秦朝就灭亡了。刚刚建立起来的伟大帝国短短数年就被葬送了，其原因何在？除了实行法家的苛刻法治，以暴力治国，很重要的一条是采用了李斯的建议"焚书坑儒"（图1-10）。虽然儒生时常非议朝政、厚古薄今，主张"复古、师古"。但儒家学者大多也只是过过嘴瘾，"秀才造反，三年不成"，实际上大可不予理会。然而，秦始皇同意李斯的建议，认为这帮儒生"以非当

12

图1-10 焚书坑儒

秦始皇三十四年（前213），秦始皇采纳李斯的建议，下令焚烧《秦记》以外的列国史记，对不属于博士馆的私藏《诗》《书》等也限期交出烧毁，此即为"焚书"。第二年，两个术士（即儒士）暗地里诽谤秦始皇，秦始皇得知此事大怒，派御史调查，审理下来，得犯禁者460余人，全部坑杀。此即为"坑儒"。两件事合称"焚书坑儒"。

世，惑乱黔首"，再加上"卢生""侯生"欺骗诽谤秦始皇，结果460余名儒生方士在咸阳被坑杀。"抑武轻文"最终没能避免秦国改朝换代的命运。

平民起家的汉高祖刘邦用武力打败项羽夺得天下。统一中国建立汉朝之后，汉高祖刘邦一改前朝好战与分裂的政治主张，"厌苦军事，亦有萧、张之谋，故偃武一休息，羁縻不备"，先解决军事上的威胁；而后以文治理天下，重用儒生，并成为中国历史上第一位祭祀孔子的皇帝（图1-11），从而为汉朝及后世以儒家思想治国奠定了基础。汉武帝以前，汉朝统治者遵循的治国方略是黄老之学，"无为而治"，"不尚贤，使民不争"。而汉武帝亲政后，采纳了董仲舒的建议，"罢黜百家，独尊儒术"。

图1-11　汉高祀鲁

　　明成化年间彩绘，作者及绘制年代不详，曲阜孔庙藏。此图描绘汉高祖刘邦来到鲁城祭祀孔子的场面。

　　自此以后，中国历代形成了以武夺权、以儒治国、文武殊途、分而治之的国家治理方式。统治者们从维护国家的角度认识到"故国虽大，好战必亡；天下虽安，忘战必危"。废武当然不敢，只能通过"轻武"达到"抑武"的目的了。

▎武兴国盛

　　"重文轻武"只是统治者给世人展示出的一种表象，实际上历代帝王大多重视武艺。

　　冷兵器时期，武功是保全性命的第一要务，统治者往往能征善战，尤其是开国皇帝更是武艺非凡。殷商开国君主商汤崇尚武功，"自把钺以伐昆吾，遂伐桀"，自诩："吾甚武"，并以"武王"为号。著名的历史故事《荆轲刺秦王》(图1-12)则记载了秦始皇被作为职业刺客的荆轲追杀，绕柱而逃，反过来却砍伤了荆轲的一条腿，最终荆轲被杀。三国时期，魏武帝曹操"手剑杀数十人，余皆

图1-12　明末刻本《新列国志》中描绘荆轲刺秦王情景的插图

披靡"。就连"重文轻武"的宋朝，其开国皇帝宋太祖赵匡胤也是武艺高强且神勇无比，起事之前曾单挑敌方名将而威名大噪，成为后周禁军众将领的翘楚，武术流派中也有"太祖长拳"，相传为宋太祖赵匡胤所创。

以武兴国

细看历代兴衰，也往往是"文武共治"则国兴，"弃武重文"则国衰民弱。

秦国的强大得益于秦王对武力和军事的重视，秦国先后涌现出一大批战功卓著的军事将领，为秦统一中国立下了不朽功勋。这其中最为著名的战将当数白起。白起用兵，善于分析敌我形势，然后采取正确的战略、战术方针对敌人发起进攻，战必求歼。伊阙之战斩杀韩魏联军24万；攻楚3次，攻破楚都，烧其祖庙，共歼灭35万楚军；攻赵先后歼灭赵军60万；攻韩魏歼灭30万，一生共歼灭六国军队约165万。（图1-13）

在中原各国相互征战、无暇北顾的时候，匈奴乘机南侵，攻略秦、赵、燕三国

图1-13 秦兵俑

秦统一中国后，号称拥有百万精锐之师。从秦始皇陵兵马俑的出土情况看，步兵是秦代军队构成中的主体，担负着同敌军近身格斗的重要作战任务。

的北方边地。秦始皇兼并六国后，派蒙恬率30万大军北伐，击败了匈奴，稳定了北方边疆；南攻岭南的百越，把两广并入到中国的版图之中。为防匈奴南下，蒙恬奉命征集大量劳工在燕、赵、秦长城的基础上，修筑了西起临洮、东到辽东的万里长城，对巩固秦北部边地发挥了重要作用。正是由于秦始皇改制军队、尚武强兵、修筑北御匈奴的万里长城，从而将秦国缔造成了强大的军事帝国。虽秦始皇历来被冠以"暴君"之名，然其建立的丰功伟绩也不能被抹杀。

大唐天下是李渊父子用武力夺取的，而李氏家族也是武术世家。李渊以箭艺精绝而得北周武帝宇文邕之姐襄阳公主之女为妻。李世民岳父长孙晟也是"善弹工射，矫健过人"，因可一箭双雕而为突厥可汗摄图叹服。李世民自小跟随父亲转战南北，耳濡目染形成了强悍骁勇、威武豪放的性格特点。而如火如荼的隋末农民起义，又为李世民的尚武精神提供了广阔的实践平台。在晋阳起兵过程中，李世民广泛结交英雄豪杰；在历时七年的统一战争中，更是屡建战功，确立了军事上的牢固地位，也为其日后夺取帝位奠定了坚实基础。他对弓箭钟爱有加，发射的箭比普通箭大一倍；喜欢驭马、骑射，乃至成癖，在他死后所葬昭陵内陪葬有六骏雕刻，工艺精美绝伦。（图1-14）

图1-14 《昭陵六骏图》卷（金，赵霖绘）

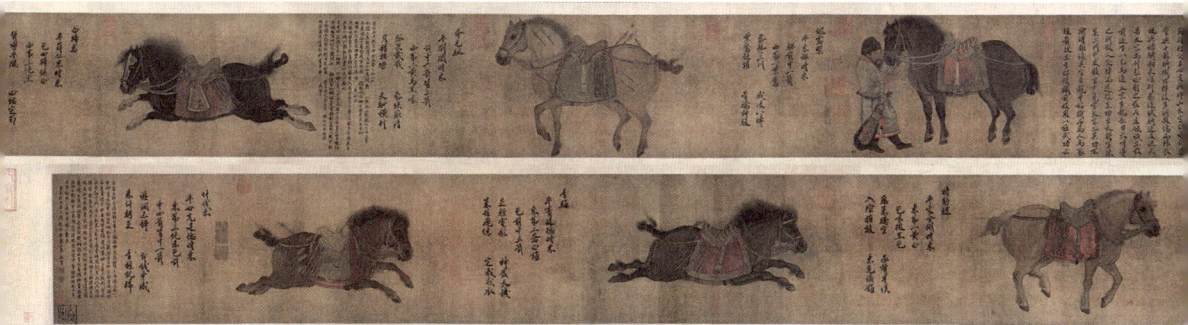

　　李世民尚武思想的另外一个表现还在于对军事的高度重视，其加强国防建设的重大举措之一便是"寓兵于农"。"三时耕稼，袯襫耡耒。一时治武，骑剑兵矢。"待有战事，则"释耒荷戈"。出则为兵，入则为民，既不误农时，又不忘武备，一举而两得。且民众自备武具，还可为国家节省库银。唐朝一改汉朝步兵防御为主的传统作战方式，专设骑兵以御北方突厥、吐蕃、阿拉伯等游牧民族的骚扰。骑军主动出击，在广袤的草原上作战迅捷无碍，以闪电战攻杀敌军，开疆拓土，有力地确保了北方边境的安宁。

　　正是因为李世民深刻地认识到国家唯有以强大的军事实力为后盾，才能修文德、镇八荒、避免生灵涂炭，因此，他格外强调治世文武并进。他曾对近臣封德彝说："戡乱以武，守成以文，文武之用，各随其时。"恰恰在李世民"以武功定天下，以文德绥海内"的治国思想下，才有了中国历史上最为辉煌的大唐盛世。

　　被毛泽东称赞为"一代天骄"的成吉思汗，出生于一个没落的蒙古族贵族家庭。成吉思汗自幼历尽艰辛，少年的苦难造就了他坚忍不拔的性格。成年后的成吉思汗尚武强悍、广交朋友。他挑选"有技艺，身材端好"的贵族子弟，组成亲卫军，叫作"怯薛"，平时担负大汗帐殿的护卫。在大汗亲征时，才作为主力参加战斗。这支军队是蒙古军队的精锐，成为巩固蒙古王朝统治的有力支柱。在成吉思汗的领导下，蒙古王朝将松散的部族社会统一为兵强马壮、军纪严明的军事集团。此后，成吉思汗和他的子孙们在40多年里，先后发动了三次西征，建立了横跨欧亚大陆、中国历史上版图最为辽阔的"大蒙古帝国"（图1-15）：东、南到海，包括台湾及附近岛屿；西到新疆；西南包括西藏、云南；北含西伯利亚大部；东北到鄂霍次克海。这不仅改变了关系到汉、女真、西域各族和蒙古族本身的历史，而且也改变了中亚、西亚和欧洲的历史。

图1-15 "蒙古帝国"时期疆域图

抑武败国

在漫长的封建时期，一旦统治者江山坐稳，就将"重文抑武"与"攘外安内"作为一项基本国策坚决执行。因此历史上的开国帝王多是尚武强国、开疆拓土；而其后的皇帝则多平庸无为，有些甚至采取过度"重文抑武"的政策而导致江山易主、朝代更迭。

宋代是贯彻"重文抑武"最为彻底的朝代。宋太祖赵匡胤以殿前都点检一职发动"陈桥兵变"(图1-16)，从年仅七岁的后周恭帝柴宗训手中夺取

图1-16　河南封丘陈桥驿壁画《陈桥兵变》

　　"陈桥兵变"是赵匡胤建立宋朝前夕所进行的一场政变。后周恭帝显德七年（960），大将赵匡胤借口北汉与辽联合南侵率军出东京（今河南开封），至陈桥驿（今开封东北）授意将士给他穿上黄袍拥立他为帝。此次兵变最后导致了后周的灭亡和宋朝的建立，推动了历史的发展。

　　了政权。为防止"黄袍加身"的事件再演，他以"杯酒释兵权"的方式解除了隐患。经过17年整合，将犯上作乱、桀骜不驯的悍将转变为谦恭、谨慎的军官，昔日"重武轻文"的世风逆转；太宗时，"方欲兴文教，抑武事"，以致"昔日武夫桀骜跋扈的影子荡然无存"。武将为了避免功高震主之嫌，"剪锋挫锐，有意避功"，社会上也流传"好男不当兵，好铁不打钉"的说法。真宗即位之初，颇有对"武备"予以重视、表现朝廷"神勇权威"的想法。但罢免"颇具阳刚之气"的寇准后，"崇文抑武"又进一步发展成"上崇尚文儒，留心学术，故武毅之臣无不自化"，出现了"文恬武嬉"的局面。仁宗性情懦弱，继承"崇文抑武"的方针，民间对武职极为歧视，武官（图1-17）地位每况愈下。

陈尧咨的遭遇则可以看作宋代"重文轻武"极端化的一则典型。陈尧咨于宋真宗咸平三年（1000）中庚子科状元，不仅文笔在其两位兄长之上，而且酷好武艺，练就"百步穿杨"的精湛射术，世人称之为"小由基"。文武双全的他本可以成为宋朝的栋梁之才，然而，高超的武艺与尚武的精神气质非但

图1-17 宋《大驾卤簿图》中出现的武官

"卤簿"指的是古代皇宫仪仗队，宋代卤簿分为四等，大驾卤簿列为第一等礼制，专用于郊祀大礼。北宋画院绘制的《大驾卤簿图》是为便于官吏将士演练礼仪之用。

没能为其仕途加分，反而为掌管朝政的文官所轻视。他的两个兄长因符合当朝文官的形象而迅速升迁，虽无军事和政治才能却成为朝中重要军事将领，甚至官拜宰相；陈尧咨因为一身的阳刚之气而为柔弱腐朽的官场所排斥，虽志向远大却被迫转入武职而一生仕途颠簸。陈氏三兄弟仕途的结局足以说明当时"崇文抑武"风气之甚。此外，武将出身的枢密使张耆也曾被宰相王曾当着太后的面蔑称为"一赤脚健儿"。这些事例都足以说明当时"重文抑武"之策对武士阶层打击压迫的程度，宋帝国的衰败亡国迹象已尽显。

尚武精神

实际上，中国历来并不缺乏尚武的精神，只不过统治者的这种"重文轻武"主要是为了弱国民而强皇权，试图将武备教育作为贵族的特权。这个传统由来已久，在最早出现的教育机构及其内容中都可见一斑。"庠序"是古代学校的称谓，其原意为习射之地。古代贵族子弟所学的"六艺"中就包括射、御 (图1-18) 等与军事紧密相关的内容。西周初期的学校教师都是由高级军官担任，其职名为"师"，后来的教育者就延续"教师"这一称呼。在古代相当长的一段时期，只有贵族才能佩剑，平民百姓是不能佩剑的，因此，中国古代习武是贵族特权。统治者都十分重视对其皇子皇孙的弓马骑射等的武艺教育，皇宫内也多设有类似习武练功的场所。清

图1-18　汉墓壁画中的御车图

　"御"为中国古代"六艺"之一，指的是驾驭马车的技术与技巧，是当时士人的基本技能，因为当时的战马和战车的多少与国力强弱息息相关。孔子在授课时也把"御"作为很重要的一项内容。

图1-19　呼尔满大捷

此图为清代宫廷画师所绘，画乾隆二十四年（1759）正月，清军在呼尔满与和卓军激战的场面。图中的清军多数是使用弓箭和腰刀的骑兵，最终清军以强悍的骑兵和弓箭彻底摧毁了和卓军的部队。

代作为由少数民族靠骑射入主中原而建立起来的王朝 (图1-19) ，就特别重视皇子的骑射技能。如康熙皇帝规定皇子们必须学会骑术箭法。他认为，练就过硬的武艺，一能统兵打仗，二可强健筋骨。学习步射时，拟请由御前大臣及乾清门侍卫派出数人随同校射，以资观察。而康熙每每到山林狩猎 (图1-20) ，都无一例外地要带皇子们参与其中，以此检查他们的骑术、箭法的水平。

23

24

图1-21 精武体育会武师在岭南大学教授武术

民国时期，岭南大学在引进西方近代运动项目的同时，兼习中国传统的武术。1919年广东精武体育会成立后，岭南大学认为提倡拳术有益于体育，学生递组织国技团，由精武体育会派武师来校教授武术。

总之，几千年的封建专制造就了中华民族恭顺温和的气质。鸦片战争后，外强人侵，家国罹难，中国沦为半殖民地半封建社会。这时，"尚武精神"经过历代的刻意压制，在清末已荡然无存。一些仁人志士效法西方开展"洋务运动"，以变法图强、倚军事救国。而流亡日本的梁启超更是认识到改变孱弱柔顺的民风、重塑强悍的民族精神才是一切的根本。于是慷慨陈词写下《中国之武士道》以期唤醒民众。推翻清政府的孙中山对民族柔弱恭顺所带来的危害有清晰的认识，1919年在精武体育会（图1-21）成立十周年纪念活动时，孙中山亲自题"尚武精神"匾额。青年时代的毛泽东对国人体质柔弱甚为忧虑，他积极倡导"欲文明其精神，先自野蛮其体魄"，其尚武气质卓然独秀。

（左）图1-20 《康熙狩猎图》

清军入关后，为了保持尚武、彪悍的民族传统，把狩猎当作一种制度坚持下来。康熙皇帝从小刻苦学习骑马和射箭，狩猎技艺炉火纯青，越发精湛，无论猎物是猛如虎、健如熊，还是捷如兔，康熙皇帝往往都能一发射中！康熙狩猎主要是使用弓箭和火枪，相传有一次他在一天之内就射中兔子318只。

武道神艺

中国武术

2

武与文化

▌ 儒圣尚武

中国文学中从来不乏对书生形象的描摹，他们大多如蒲松龄在《聊斋志异》中所刻画的饱尝世情冷暖的清苦之士或是鲁迅笔下的孔乙己一样。这些书生不论是白净清秀、风度翩翩，还是长衫着地、穷酸潦倒，基本上都难脱文弱之气。总之，这类文学形象已经深入人心，而对于儒生们所尊的圣人孔子（图2-1），人们自是想当然地认为他也是手无缚鸡之力的模样。直到近代，国学大师梁启超为唤醒国人麻木孱弱的神经而著《中国之武士道》，才第一次将孔子习武之能事

图2-1　孔子像

孔子名丘，字仲尼，春秋时代鲁国人，是中国古代的思想家和教育家，也是儒家学派的开创者。孔子曾经周游列国，传道授业，推行仁义之政。

27

公布于天下，并认为孔子是中华民族史上第一武士。

孔子精于武

孔子习武的确有据可查。孔子是殷商贵族后裔，其父叔梁纥是当时鲁国有名的武士，骁勇善战，以军功升为陬邑大夫，身高九尺有余，膀大腰圆，十分魁梧。当年逼阳之战，鲁军刚进去一半，悬门突然掉下，多亏叔梁纥反应迅速，举臂将悬门抵住，直到鲁军完全撤退，方才放下悬门，此事震惊诸侯各国。孔子继承了父亲的体格，身高九尺六寸，相当于现在一米九以上，当时被称为"长人"。《吕氏春秋·慎大》记载："孔子之劲，举国门之关，而不肯以力闻。"可见孔子虽无意以勇力成名，却也像其父一样膂力过人。除此之外，孔子勇猛且身手十分敏捷。《淮南子》中描述孔子："智过于苌弘，勇服于孟贲，足蹑效菟，力招城关，能亦多矣。"

孔子能文会武是不争的事实。孔子精通"六艺"，包括礼、乐、射、御、书、数六项，这也是贵族教育的主要内容。之所以习射于学宫，驰驱于郊野，除了礼节的需要之外，最主要的目的还是为战事作准备。御、射即驾战车和射箭（图2-2），是当时战争中最为重要的两项技术。孔子善射，《礼记·射义》记有"孔子射于矍相之圃（在今山东曲阜孔庙西侧），盖观者如堵

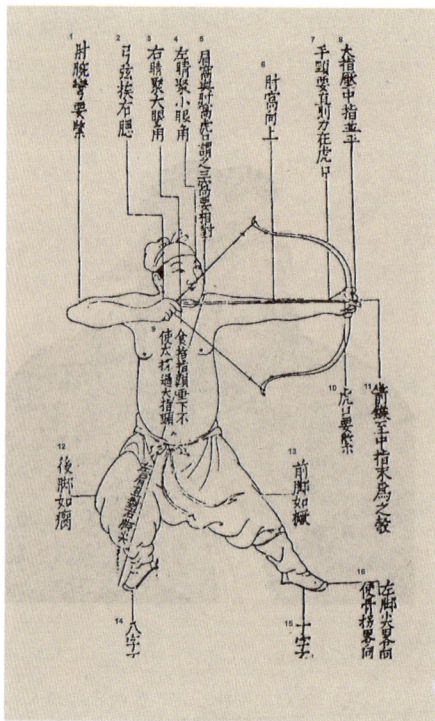

图2-2　古代射箭动作要领图解

墙"，由此可见其射艺之精。至于孔子"御"的技艺，可能更优于射。《论语·子罕》记载了一则事例："达巷党人曰：'大哉孔子，博学而无所成名。'子闻之，谓门弟子曰：'吾何执？执御乎？执射乎？吾执御矣。'"孔子听别人说他博学而缺乏足以成名的强项，便与弟子商议选一门技艺来展示。在射、御之中，孔子经权衡而选定"执御"，可见其驾驭战车的本领当比射箭更强。

　　孔子不仅自身射艺精湛，而且作为"万世之表"，还将这些武艺传授给学生（图2-3）。古代庠、序、学、校四者皆是被人用来肄射习武的，孔子所办的私学就包含这些内容。《史记·孔子世家》记孔门"弟子盖三千焉；身通六艺者七十有二人"，又"冉有为季氏将师，与齐战于郎，克之。季康子曰：'子之于军旅，学之乎？性之乎？'冉有曰：'学之于

图2-3　河南文庙彩绘壁画《孔子教六艺之"射"》

孔子。'"可见这72位高徒，包括冉有，对于射、御，甚至军事都是精通的。

圣人之勇

习武能培养人的勇气、恒心和毅力以及不怕挫折、积极向上的精神，这点在孔子一生中都有所体现。孔子十分注重"勇"的品质，他认为"知者不惑，仁者不忧，勇者不惧"，知、仁、勇三者是"天下之达德也"，如果缺少一种品质就不能算是一个完整的人。他还认为"见义不为"，是"无勇也"；在对敌作战中如果"战阵无勇"是"非孝也"；认为"仁者必有勇，勇者不必有仁"。

孔子是这样认为的，也是这样做的。《史记》《左传》都记载了齐鲁"夹谷之会"（图2-4）。鲁定公十年（前500），鲁国和齐国讲和，并确定在夏季会于夹谷，由孔子陪同鲁君前往。齐大夫对齐景公说："孔丘

图2-4 《孔子圣迹图》局部"夹谷会齐"

《孔子圣迹图》是一部反映孔子生平事迹的连环图画，表现了孔子周游列国，游说诸王的典故。不但反映了孔子的伟大思想，而且能使世人知晓至圣先师的善德懿行、人品内涵，也表达了人们对孔子的崇仰之意。

图2-5 《孔子圣迹图》局部"归田谢过"

这个人虽然懂得礼法，但不够勇武，如果让我们莱地的士兵用武力劫持鲁侯，就一定能够控制鲁国。"齐景公欣然同意。而在鲁国，孔子建议提前作好以武力应对不测的准备，鲁定公采纳了孔子的建议。果然不出所料，在夹谷之会上，孔子见势不妙便立即带着定公退下，并提剑杀死了企图对鲁国国君动手的人。在双方剑拔弩张之时，孔子慷慨陈词，申明大义："两君相会，本来是要建立友好关系，而今却动用武力，背弃礼法，君王肯定不能这样做。"齐景公听了这番话，自知理亏，连忙下令撤兵。两国即将举行盟誓时，齐国人在盟书上加上了这样的话："一旦齐国军队出境作战，鲁国如果不派300辆兵车跟随我们，就按此盟誓惩罚。"孔子让鲁国大夫兹无还作揖回答说："如果你们不归还我们汶水北岸的土地，却要让我们供给齐国的所需，也要按盟约惩罚。"就这样，齐国人向鲁国归还了郓邑、瓘邑和龟阴邑的土地。(图2-5)

苏轼在《留侯论》中这样解释："匹夫见辱，拔剑而起，挺身而斗，此不足为勇也。天下有大勇者，卒然临之而不惊，无故加之而不怒，此其所挟持者甚大，而其志甚远也。"而梁启超说得更为明白："夫武士道，非臂力之谓也，心力之谓也。"孔子仓促间救国难，订盟之际力争国权，表现出临大难而不惧，所凭借的不单是文人之智和武士之力，更是圣人之勇。

处于战乱频繁的春秋时代，孔子深知文武兼备的重要性。他强调："有文事者必有武备，有武事者必有文备。"在充分认识到"有武无文则蛮，有文无武则弱"的基础上，强调文武双修而不能偏废。"勇而无礼则乱，直而无礼则绞。""好勇疾贫，乱也。""好勇不好学，其蔽也乱。""君子义以为上。君子有勇而无义为乱，小人有勇而无义为盗。"这些都是孔子关于勇武主张的名言。

身体上的虚弱往往会影响一个人的精神面貌，而强健的体魄可以给人勇气和精神的力量。习练与教授武艺使孔子拥有坚强的精神和体魄，这才成就了孔子55岁开始周游列国的伟大壮举。孔子若是手无缚鸡之力，如何能在春秋战国那混战的年代坐着木轮车走在崎岖坑洼的山路上，游说于列国之间14年？ (图2-6) 其间颠沛流离、席不暇暖，甚至几次险些丧命。即便如此，孔子仍然乐观向上。孔子用"知其不可而为之"来比喻自己对理想信念的坚守和牺牲，这是怎样一种气魄！难怪梁启超发出"天下之大勇孰有过我孔子者乎"的感慨！

不以力相问

在战乱频繁的时代，习武是贵族必须接受的教育。当时武士的社会地位也是比较高的，而精于武艺的孔子却不肯以力相问，这又是为什么？

这主要与孔子的政治主张有关。孔子所在的春秋战国时代是由奴隶社会向封建社会的过渡期，礼崩乐坏。上自天子，下至黎民，奔走纷纭，不遑启处，当真是乱世迹象。孔子目睹百姓深受战乱疾苦，深刻认识到穷兵黩武所造成的危害。他与弟子曾经谈到，理想社会应当是"城郭不修，沟池不越，

图2-6 《孔子圣迹图》局部"作丘陵歌"

铸剑戟以为农器，放牛马于原薮，室家无离旷之思，千岁无战斗之患"。难能可贵的是孔子要把这一理想付诸实施。55岁开始，孔子带诸弟子周游列国来宣扬其"仁政礼治"的思想，以实现其重建社会秩序的政治抱负。

生于乱世的孔子也知道，战争毕竟是不可避免的。因此，他强调治理邦国，应力求做到"足食""足兵""民信"，这三个方面都十分重要。但总体而言，孔子是反对战争的。《论语·季氏》中记载，孔子曾经非常严厉地批评他的学生冉有和子路，认为他们没有尽职，不能劝阻季氏讨伐颛臾的举动。他语重心长地说："今由与求也，相夫子，远人不服，而不能来也；邦分崩离析，而不能守也；而谋动干戈于邦内。吾恐季孙之忧，不在颛臾，而在萧墙之内也。"

因而，孔子对用"武"始终有着一种审慎的态度，《述而》中说"子之所慎：斋，战，疾"。他反对有勇无谋鲁莽行事，曾说"暴虎冯河，死而无悔者，吾不与也。必也临事而惧，好谋而成者也"，不愿与这样的人

图2-7　《孔子圣迹图》局部 "灵公问陈"

为伍。孔子反对不义的战争，卫灵公曾问孔子关于军阵的问题（图2-7），得到的回答是说"军旅之事，未之学也"。

　　文武兼备成就了孔子有风骨、有气节、敢担当的人格。艺高勇敢却反战，力大无比却不以力相问，孔子对于武的态度和精神千百年来影响了一代又一代的习武之人——习武是为了自卫而不是伤人，须常怀一颗仁爱之心，即便不得已而出手，也应当掌握分寸，但求屈人而非取命。

▎武道神艺

想要了解"武"与道家的关系，先要清楚道家与道教的关系。

道家与道教本质上并不是一回事，但道家思想又是道教的发轫。道家由老庄创立，而道教则形成于东汉末年；道家的代表人物有老子（图2-8）、庄子、杨朱、列子等，道教的代表人物有葛洪、陶弘景等；道家是一种思想文化流派，而道教是一个以长生不老为追求的中国本土固有的宗教。然而，道教在形成与发展过程中与道家之间又有不可分割的联系。道家是道教建立的思想基础，《老子》（图2-9）《庄子》

图2-8　老子像

老子，又称老聃，楚国人，约生活于公元前571年至公元前471年之间。是我国古代伟大的哲学家和思想家、道家学派创始人。主张无为而治，其学说对中国哲学发展具有深刻影响。在道教中老子被尊为"道祖"。

35

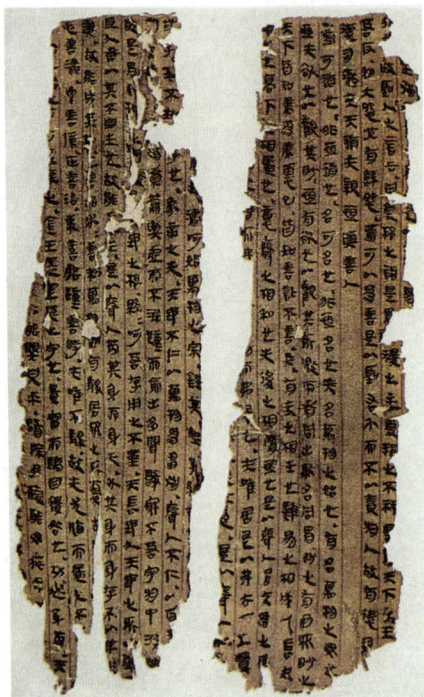

图2-9 《老子》帛书

1973年湖南长沙马王堆三号汉墓出土，分甲、乙写本，各附古佚书四篇，抄成于西汉初年，次序与传世今本《老子》相反。《老子》一书共81章，又名《道德经》，为老子所著。

等道家著作也被道教奉为经典。道教以道家思想为理论支柱，其理论与实践深入国人日常生活的方方面面。

道家与道教为武术既提供了理论基础又提供了方法论。正是由于"道"的文化渗透，使武之修炼摆脱了形而下之"术"的局限并向形而上之"道"的境界有无限迈进的可能。

武道契合

道家本体论是武术哲学思想认识论的基础。道家的创始人老子认为："道者，万物之奥。"先人在从事武术实践中认为"道"也是武术的本质特征。一旦用"道"的思维来考察武术本体，原本由身法、步法、拳、腿、摔、拿等体现格斗的身体动作就不再是简单的技击术，而是包含深邃内涵的"武道"。人们用"道生一，一生二，二生三，三生万物"的思想考察武功技艺的形成与变化；用"天下万物生于有，有生于无"来提升武术思想的境界。这正是中国武术纷繁复杂而博大精深的思想基础，而武术也由此成为通过人的肢体运动来悟道的载体。"以无法为有法，以无限为有限"更是成为"武道"圭臬。

"一阴一阳之谓道"的阴阳及其变化成为考察"武道"最为根本的法

则。于是武术中的攻守、进退、动静、虚实、开合、刚柔、强弱、快慢、灵滞等矛盾斗争双方都以阴阳间相反相成关系来考量。（图2-10）

关于术与道之间的关系，庄子在《庖丁解牛》中有精彩的描述。"臣之所好者道也，进乎技矣。始臣之解牛之时，所见无非牛者。三年之后，未尝见全牛也。方今之时，臣以神遇而不以目视，官知止而神欲行。"庖丁经"所见无非牛""未尝见全牛"的技的阶段逐步达到"神遇而不以目视，官知止而神欲行"的道的境界。这种"道源于术、道进乎技、术止于道"的思维模式无疑对"武"由术及道起到了至关重要的作用。

图2-10　武术中的攻守

攻和守虽然是两个不同的概念，但是在武术中不能割裂开来，必须做到攻中有守，守中有攻，攻守合一。

关于"为学"与"为道"，道家作了深入的阐释，这不仅为修道实践提供了重要的方法，还对习武者大有裨益。清张尔岐《老子说略》中有言："为学者以求知，故欲其日益；为道者在返本，故欲其日损。损之者，无欲不去，亦无理不忘。损之又损，以至于一无所为，而后与道合体焉。为道而至于无为，则可以物付物，泛应无方，而无不为矣。""为学日益"是指为学是要日有增益；"为道日损"是指为道是要日有减损。一般武道修炼者都会经历在坚持不懈的习练中渐悟或由偶然启示中顿悟两种情况，这也符合为学与为道的法则。"致虚极，守静笃。万物并作，吾以观复。"即是教人放弃造作私为与偏执成见，从而达到"无为"境地。习

图2-11　天人合一

　　"天人合一"是中国哲人的基本主张，是中国文化统摄一切的主导理念，是中华文明的优良传统。我们的祖先提出的"天人合一"就是要探索和获取"天"与"人"的亲和性，就是要力求达到人与天地万物的和乐、和睦、和谐与和融。

武与修道融为一体，以武参道成为武者的不懈追求。许多武术家也通过武功修炼由术入道的途径而一通百通，成为习武至文的典范。

　　在武道修炼中，坚持"天人合一"是总原则。老子说："人法地，地法天，天法道，道法自然。"庄子更认为天人本是合一的，"天地与我并生，而万物与我为一"，因此主张顺乎自然。天人合一的观念是道家本体论的一种表现。所谓"天"并非指神灵主宰，而是自然。所谓"天人合一"是说人与自然在本质上是相通的，世间一切人事均应顺乎自然，不违自然，方能获得生存与发展。（图2-11）"天人合一"的理念对习武者而言，具有两个方向的张力，向内就是要摆脱自我的困扰，在无为的情景下将习

武者自体作为客观对象加以旁察和导引；向外则打开心扉以自然为师，通过洞察自然的变化，捕捉其中所蕴含的伟大力量。在这一思维模式的影响下，习武者在实践中感知自然中的风、雨、雷、电之变，洞察虎、猴（图2-12）、熊、鹰、鸡、鹤、蛇、螳螂等各种动物之搏杀技能，促成了中国武术各类拳种和器械的技术和习练方法的形成，成为武术内容的重要来源。

"气"是中国传统文化中非常重要的一个概念，古代贤哲对此多有论述。关于"气"的概念最早源于《周易》。《易经·乾卦第一》即曰："潜龙勿用，阳在下也。"这句话的意思是：冬季万物进入到一个凋零、生机潜藏的季节。人体内的阳气也顺应季节的变化而潜藏，这时应该顺应规律小心谨慎，不可轻动。

道家对"气"也十分重视，这既表现在哲学层面又涉及具体养生之方法。《老子·四十二章》说："万物负阴而抱阳，冲气以为和。"冲气即阴阳冲和之气，是宇宙万物的生长发育之源。阴阳对立，统一于气。万物当然也包括人在内。"气"即"道"的体现，大道无穷，万物变化也皆因天地产生的阴阳二气。《易传·系辞上》曰："易有太极，是生两仪。"（图2-13）唐孔颖达说："太极谓天地未分之前，元气混而为一，即是太初、太一也。"太极即为天地未开、混沌未分阴阳之前的"气"的状态，而两仪即指阴阳。

图2-13　太极图

太极图是以黑白两个鱼形纹组成的圆形图案，俗称阴阳鱼。太极是中国古代的哲学术语，意为派生万物的本源。太极图形象化地表达了阴阳轮转，相反相成是万物生成变化根源的哲理，展现了一种互相转化、相对统一的形式美。

（左）图2-12　猴拳

中国拳术中象形拳之一，因模仿猴子的各种动作而得名。据记载，中国早在西汉时就有了猴拳。猴拳在发展过程中形成了不同的流派和技术风格。近代猴拳多以套路的形式出现，其动作内容既要模仿猴子机灵、敏捷的形象，又要符合武术的技击特点。

　　道教创立后，道士们在修道成仙理论的指导下，继承古人治道之法，结合自身之修炼，创造出一整套以健身延年为主旨的方术。其内容主要有心斋、守一（图2-14）、定观、坐忘、缘督、内观、导引、存想、吐纳、存思、听息、内视、踵息、守静、服气、辟谷、服食、行炁、胎息、内丹等等。这一系列的内功修炼术为武术所吸收，创造了许多内外兼收的练功方法，从而大大提高了武功修炼的层次。

图2-14　呼吸吐纳，抱元守一

　　"守一"是道家早期修炼方术之一，其侧重点不在练形而是在练神，通过它排除心中杂念，保持心神清静，其主旨为守持人之精、气、神，使之不内耗，不外逸，长期充盈体内，与形体相抱而为一。修习此术，可以延年益寿，乃至长生久视。

在这种道家修身术的影响下，历代武术名家都十分重视对"气"的锻炼，把培元气、守中气、保正气作为武术修炼的根本。在诸多拳种的练习方法中都是通过"气"来沟通武术内练与自然的融合，使"气"聚于丹田（图2-15）。丹田气足，内达于脏腑，外发于四肢，达到气聚、精固、内壮、体健的功效。因此，养气、集气、运气、练气也就成为各派武功必要的基本功，尤其是以太极、形意和八卦为代表的内家拳都把以练"气"为核心的内功练习视作法宝。当代太极拳名家沈涛说："中国拳法历来强调以气功为终之则，拳谚说，'在外为拳，在内为气'，都说明了气功在拳种中的核心作用。"形意拳有专门练习内功的混元功法，形意古谱中也有"精养实根气养神，元阳不走得其真，丹田养就长命宝，万两黄金不与人"的箴言。如此，练养结合、性命双修成为了习武者的基本修炼法则。（图2-16）

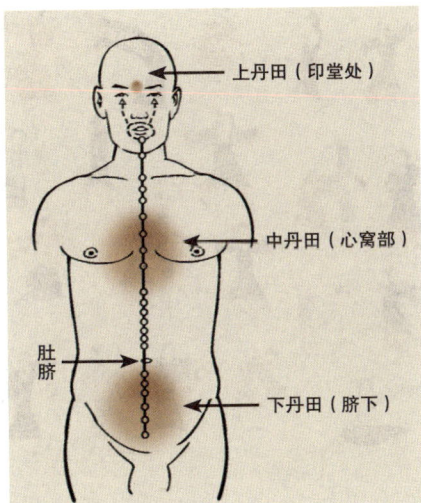

图2-15 丹田示意图

"丹田"原是道教修炼内丹中的精、气、神时用的术语，有上、中、下三丹田：上丹田为督脉印堂之处；中丹田为胸中膻中穴处，为宗气之所聚；下丹田为任脉关元穴，脐下三寸之处，为藏精之所。古人视丹田为储藏精、气、神的地方，因此对丹田极为重视，有如"性命之根本"。

道以术彰

中国功夫十分强调技击的精深，而这与道家不无关系。道家崇尚自然，其哲学思想朴素而博大，因而它所揭示的道理往往具有本质而深刻的内涵。

"反者道之动，弱者道为用"是被广泛应用于武术技击的道家方法论。"反者道之动"的本意是指"道"的运动规律是向矛盾对立的方向转

43

图2-16　马王堆《导引图》复原图

　　1974年湖南长沙马王堆三号汉墓出土，是现存最早的一卷保健运动的工笔彩色帛画，为西汉早期作品。我国古代的"导引"就是指"导气会和""引体会柔"，是呼吸运动和躯体运动相结合的一种体育疗法。用现代汉语来表达，"导引"就是保健医疗体操。早在春秋战国时，以呼吸运动为主的"导引"方法已相当普遍。

化；"弱者道为用"是指"道"用弱的一面来对待自然，也就是顺应而不是改变。前者是认识论，后者是方法论。阴阳消长转换就遵循这一规律：相互对立、相互依存的阴阳双方不是处于静止不变的状态，而是处于变化之中。在正常情况下，这种"阴阳消长"处于相对平衡的状态中。如果这种"消长"关系超出一定的限度，不能保持相对的平衡时，便将出现阴阳某一方偏盛或偏衰。当阴阳盛衰发展到一定的阶段，还可以各自向着相反的方面转化，阴可以转化为阳，阳可以转化为阴。构成武术运动中的诸因素都具有阴阳特性，如动静、虚实、刚柔、开合、进退、内外、起伏、显藏、攻守等。这些具有阴阳特性的元素自然符合对立双方的统一和在一定条件下相互转化的运动模式，因此阴阳理论在武术技击理论中得到极为广泛的应用也就不足为奇了。

较早将阴阳思想用于技击制胜之道的是庄子。《庄子·人间世》有"且以巧斗力者，始乎阳，常卒乎阴，泰至则多奇巧"之言，而《庄子·说剑》中也说道："夫为剑者，示之以虚，开之以利，后之以发，先之以至。"这是一种以静制动、以柔克刚、因敌变化、后发制人的应用。太极拳更是将这一理论发挥到极致。

明内家拳名家王宗岳的《太极拳论》说太极是以"动静之机，阴阳之母，动之则分，静之则合"的变化为理论基础的。太极拳中的"柔中寓刚，绵里藏针""如绵裹铁""极柔软然后极坚刚""引进落空""舍己从人"等，无不体现老子"反者道之动"的思想。太极拳中常有"弱胜强，柔制刚，四两拨千斤"之说，其关键就是在敌方的力还未到达之际，审时度势、随机应变、借力打力，将对手所加之力还制其身，达到变被动为主动、制人而不受制于人的转换。所谓"弱者道之用"的思想核心也就在这里。同样，近代武术教育家许禹生也说过："我虽弱，常常居制人地位；敌虽强，常居被制地位，难于自由发展，力虽巨奚益。"（图2-17）

中国传统哲学中除了"阴阳论"，还有"五行说"对武术的影响也很大。五行，本来指五种元素——金、木、水、火、土。中国古代思想家试用构成

图2-17　著名武术家姜周存演练四十二式太极拳招式中的"马步靠"

四十二式太极拳是武术套路比赛中的指定套路，是广大太极拳爱好者的必练套路。以杨式太极拳为主，吸取陈式、吴式、孙式太极拳之长，动作严格规范、舒展大方。

华佗五禽

鹤戏

仿其昂然挺拔，悠然自得，表现出亮翅、轻翔、落雁、独立之神态。鹤步势、亮翅势、独立势、落雁势、飞翔势。

猿戏

仿其敏捷好动，表现出纵山跳涧、攀树蹬枝、摘桃献果之神态。猿步势、颔望势、摘桃势、献果势、逃藏势。

熊戏

如熊样浑厚沉稳，表现出撼运、抗靠步行时之神态，笨重中寓轻灵。熊步势、撼运势、抗靠势、推挤势。

……身，仿开、奔跑、回首之神态，展步势，挺身势、探身势、蹬跳势、回首势

世界的五种元素来说明宇宙万物的起源和事物间错综复杂的关系。这种古代朴素唯物的观点对武术技击理论产生了深远的影响。其木生火、火生土、土生金、金生水、水生木的相生思想和水克火、火克金、金克木、木克土、土克水的相克理论，既是中国中医的理论基础，也是中国武术的技击思想来源。如形意拳将基本五拳劈、崩、钻、炮、横

图2-18 华佗所创的"五禽戏"

目光炯炯，摇头摆尾，扑掀、转斗，表现出威猛神态，要刚劲有力，刚中有柔，刚柔并济。虎步势，出洞势、发威势、扑掀势、搏斗势。

鹿戏

虎戏

大医学家往往也是大武术家，医武兼修之人。相传东汉医学家华佗在前人的基础上创制了中华武术的鼻祖"五禽戏"。它是通过模仿虎、鹿、熊、猿、鸟（鹤）五种动物的动作，以保健强身的一种气功功法，在中国民间广为流传，其健身效果被历代养生家称赞，据传华佗的徒弟吴普因常年习练此法而达到百岁高龄。

寓意为金、木、水、火、土五行，并用相生相克理论来论述五拳间的相互关系。

同样以阴阳五行思想为理论基础的中医与武术（图2-18），两者很自然地相互影响，互为渗透。中医的经络学说、养生理论为武术的练功方法和擒拿术提供了理论基础，而武术实践中难免跌打损伤，又促进

47

了中医骨科、伤科的发展。

　　道以术而彰显，术依道而深邃，武艺与道术相互吸纳与渗透，在内外兼修中打通了与道术间的一隙之隔，使习练搏杀之技法由一击一刺攻伐之术，转化成入道求真之法门，使武功修炼摆脱了术的藩篱而呈现大道无限的可能。

▌ 禅武之境

从字面意思理解"禅武"即参禅修武。禅宗既然强调在日常生活中修行，实现学佛的目标，也就自然将武术纳入到学佛修禅的形式中来，从而创造性地产生了禅武。

由禅心运武。禅，赋予武术更为丰富的内涵，使其表达自在、纯粹、空灵而入化之境界；武，赋予禅宗修行的有效途径，使禅宗的妙悟有了真切之体验。了解禅宗，绕不开达摩与少林。（图2-19）

达摩传说

谈起中华文化，我们不能忽视禅文化，而说到禅文化，我们不能不提

图2-19 《达摩面壁图》（明，宋旭绘）

此图所绘达摩形象古朴而虔诚，四周是野草蒙茸的岩洞，达摩身着红衣，端坐于蒲团之上，正在修行。

在禅宗形成过程中的一个关键人物——菩提达摩。

　　达摩历来被世人冠以"禅宗初祖"，是他将西天佛祖"不立文字，教外别传""以心印心"的禅门佛旨带到中国。此后，禅开始根植于中华沃土，不断繁衍发展，终于形成了独具中国本土特色的佛门宗派——禅宗。因此，无论在禅宗历史还是在中国历史上，达摩都是佛旨东传的一个不可缺少的关键人物。

　　相传达摩与中国武术尤其是作为禅武代表的少林武术颇有渊源。"达摩创拳""达摩传武少林" 这两种说法曾经一度在宗教界和民间武师之间广为流传，因而达摩与少林武术的关系也成了历来研究禅武的起源和发展

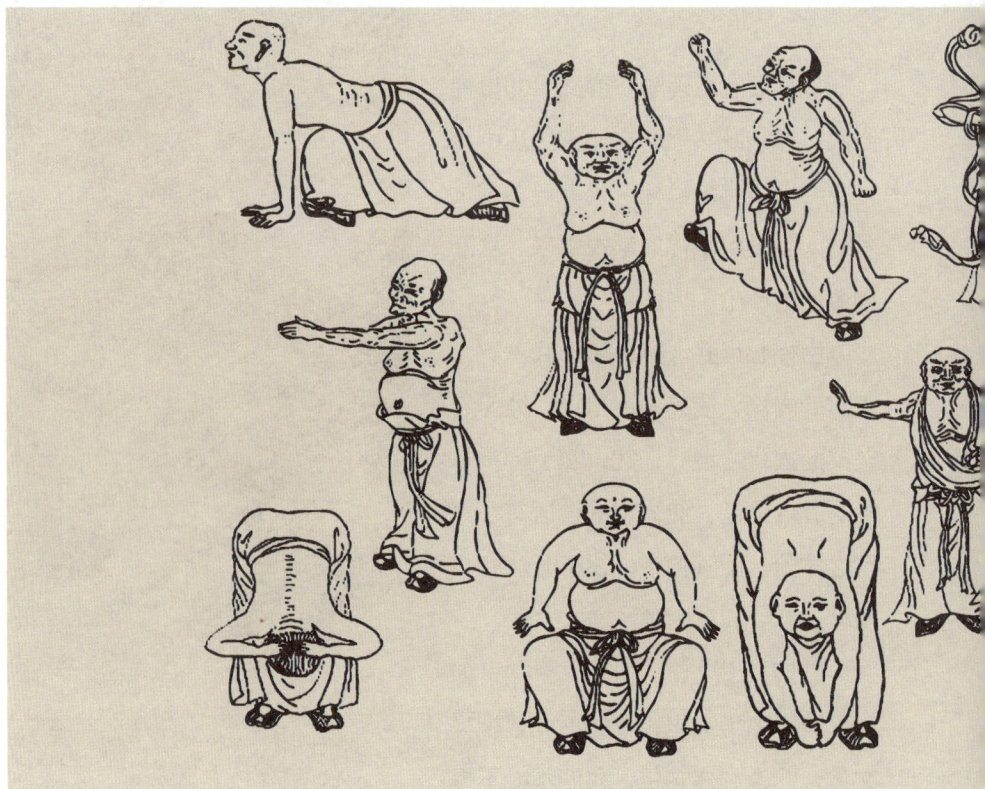

所必须面临的一个问题。

关于"达摩创拳说"其依据最早来源于署名为"唐代李靖"为《易筋经》作的"序"。《易筋经》历来被一些僧人和民间武师视为少林武功秘籍，加上一些武侠小说和武侠电影的渲染，使《易筋经》显得更加神乎其神，而对达摩"传少林《易筋经》"的传说越发深信不疑。（图2-20）其实，学术界早已证实了"达摩创拳"为后世杜撰，大多数学者倾向于《易筋经》为明代天启年间（1621—1627）天台紫凝道人所著，而"李靖序"中"达摩遗二经，一曰洗髓，一曰易筋……易筋留镇少林，以永师德"实乃紫凝道人假托唐代李靖而作的序。

图2-20 《易筋经》十二式

　　《易筋经》是改变筋骨、通过修炼丹田真气打通全身经络的内功方法。古代相传的《易筋经》姿势及锻炼法有十二式，即韦驮献杵（有三式）、摘星换斗、三盘落地、出爪亮翅、倒拽九牛尾、九鬼拔马刀、青龙探爪、卧虎扑食、打躬式、工尾式。

51

"达摩传武少林"一说则更无依据可言，持此观点者认为达摩曾向少林僧稠禅师传授武术，宋代类书《太平广记》中确有关于僧稠武术非凡的记录，但借此认为"达摩传武少林"却论据不足。据《少林寺志》记载，僧稠禅师是少林开创者跋陀的弟子，在北魏太和十九年（495）就皈依少林，而达摩是在孝明帝孝昌三年（527）才来到嵩山，比僧稠晚到少林32年，怎能向僧稠传授武术。另外在《魏书》《少林寺志》以及少林碑文中，没有提及达摩会武术一事，更没有关于"达摩传武少林"的描述。

所以，少林武术的产生与达摩没有任何关系，而是来源于中华武术和古代导引养生术，并结合少林寺特定的环境以及佛教特定的内心修炼方法，历经实践考验而形成的独具特色的禅武。

佛武因缘

禅，本来是印度佛教里的一种思维方式，即我们所说的意会思维。汉语中将其译为静虑、思维修。（图2-21）后来经达摩祖师将其带到中国。禅的到来在当时并不是主流，但此后不久却以极大的势头深切地融入了中国主流文化当中，在这个过程中形成的亦禅亦武的少林武术是颇值得思考的。

在最初的佛教寺院里并不允许有武术这种与佛旨相违的行为存在。世界各大宗教都在宣扬"禁欲、克制、忍耐、非暴力"等教义。佛教在这些方面更胜一筹，佛教理论和教义都是建立在严格戒律规范之上的，任何一种杀生、伤害、争斗乃至嗔怒的行为在佛教看来都是"恶业"，死后要受轮回之苦。如，佛教第一重戒即讲求不杀生，尊重一切有生命的东西。所以从原则上来讲，佛教与武术讲求克敌制胜的理念是相对立的。但是佛教自东传以来不得不面对一个现实而又紧迫的问题——弘扬佛法。佛教教义虽然教人除却杂念，离世解脱，但是佛教徒却是离不开尘世的，需要在尘世来弘扬佛教法旨。这就决定了佛教要想在中国发展下去，就不得不进行调整以适合佛法的弘扬，于是佛教开始了世俗化进程。佛教的世俗化为禅

图2-21　少林僧人坐禅

坐禅，就是趺坐而修禅，是佛教修持的主要方法之一。坐禅同时也是民间爱好佛学者理疗、治病、修身、养性、养生、悟道的一种修炼方式。

武的结合开辟了道路。

　　佛教世俗化的第一个任务就是要"入乡随俗"。源自印度的佛教来到中国如果水土不服，则不会落根繁衍，谈何弘法。中国和印度气候条件不一样，在印度，如果佛教徒乞不到食物还可以摘食野果以存活，但在中国如果乞不到食物就要饿死，且受到儒家文化的影响，在中国对不劳动而乞食者是有偏见的。种种气候条件和社会文化氛围等因素的影响使得佛教徒不得不一改印度式的头陀修行方式，转为建立寺院，聚众讲经。改制后的僧人有了固定的修行场所，既有利于宣扬佛法，又因为自耕自养而受到社会的尊重。

　　然而改制后的佛教并不是很快就适应了中国社会，此时的佛教又面临着一个新问题——寺院安全。"丛林制度"建立后，佛教寺院就成了一个独立的经济单位，加上统治者经常封赏，使得一般寺院都拥有大量田产。

53

因此，田产成了寺院最大的财富，同时也是寺院生存和发展的经济基础。而封建社会军事战争频繁，土匪、山贼猖獗，他们经常把毫无防御能力的佛教寺院作为进攻掠夺的对象。乱世之中寺院该如何保卫这些田产成为了佛教寺院面临的一个大问题。为了自身性命和寺院的安全，佛教僧人不得不拿起劳动工具以自卫。于是，最初的寺院武术开始萌芽。

由上可见，佛教世俗化是促使禅武结合的基础和前提。在世俗化的过程中，佛教对武术产生了需求，再加上寺外习武者"带艺出家"，所以就出现了寺僧习武 (图2-22) 的现象，寺院武术也就应运而生。

另外，一些佛教寺院所处地区的社会风气和人文环境也对寺院武术的

图2-22　少林武僧对练

产生有着积极的影响。据嵩山附近地方志记载，少林寺所处的嵩山地区自春秋战国时期就形成了一股尚武的风气。春秋时期嵩山周边土地是晋、楚两国争夺的焦点，双方在此激战数十年，后来韩、赵、魏三家瓜分了晋国，嵩山地区又变成了韩、魏两国起争端的地方。后来历史发展，朝代更替，但各工朝统治者争夺中原地区的野心不变。所谓"得中原者得天下"，在他们看来中原关乎天下，而嵩山恰恰处于中原地区，所以，在武风盛行的嵩山地区，寺僧习武不足为奇。

之后，到了唐朝，中国历史进入它的一个高峰期。这时候，禅宗也开始迅猛蓬勃地发展。禅宗的出现给中国带来了深远的影响，它与同处历史长河的其他文化相互交融，共同发展。此前，佛教为了自身的生存与发展，容许武术存在，但这是一种隐秘的、附带的存在，武术与佛教内涵并未发生融合，佛教仅把武术作为一种护寺手段，就像锄头、扫把等劳动工具一样。相传少林寺建寺第一位高僧跋陀的弟子僧稠，在出家之前就是一位武术高手，能"跃首至梁，引重千钧，拳捷骁武，动骇物听"。跋陀虽然欣赏僧稠的武术，但是却告诫他不要轻易显露，而且只允许其晚上练武。不管史料真实与否，单从这则故事本身可见当时佛武之间还存在着鸿沟，佛教还是无法"名正言顺"地接纳武术。但是，随着佛教宗派禅宗的发展壮大，禅宗以其包容性、开放性、革命性的姿态赋予了武术"合法"的地位，使武术获得了新的生机。

禅武合一

少林武术一直为世人所津津乐道，不仅是因为少林武术所展现出的刚劲威猛，更在于其博大精深的内涵。以少林武术中最具代表性的少林拳为例，其最大的特点就是"禅拳归一"。何谓"禅拳归一"？在《少林历史与文化》一书中，徐长青等人将"禅拳归一"理解为三个层面：一是拳禅归于一寺，即是说少林寺既是禅宗祖庭，又是武林圣地，文武相济；二是拳禅归于一身，少林寺每一个僧人既会打坐参禅（图2-23），又会习武练拳，文武双全；三是从更深一个层次理解，少林寺之禅，禅中有拳，少林寺之拳，拳中有禅，拳禅相互融合。少林武术"禅拳归一"并不是简单的拳禅相加，而是佛教与武术之间的有机融合。

首先，禅宗讲究"禅悟"所求由远及近，由外而内，"即心是佛，见性成佛"。一切修行的目的和路途只是认识本心，认识自性。也就是说，只追求"见自性"的唯一目标，并不在乎采用何种"见自性"的方法手段，只要能"顿见自性"，何种手段任己选择。禅宗这一宗旨为禅武的融合从根本上奠定了基础。

图2-23　入禅定的比丘像

　　唐朝纸本墨画，发现于中国甘肃敦煌莫高窟第17窟，英国伦敦大英博物馆藏。
　　打坐是一种养生健身法。闭目盘膝而坐，调整气息出入，手放在一定位置上，不想任何事情。打坐既可养身延寿，又可开智增慧。在中华武术修炼中，打坐也是一种修炼内功、涵养心性、增强意志力的途径。

其次，禅宗以"无念"为最高法旨，这一法旨要求人们排除杂念，戒除妄想浮云。而在武术训练和实战中，也要求习练者排除一切杂念，专心于训练和实战中，达到"忘我"的最高境界。禅宗在哲学观念和修养方法等方面有助于习武者的精神陶冶和武艺锻炼。禅宗认为"生为梦幻，死为常住"。这种"死生如一"的思想自然会迎合武士"勇武""无畏而死"的心理，对习武者产生影响；禅教会习武者单纯、直截、自持、克己，斩断生与死的观念，而这有利于交战时，武者发挥真正的勇敢精神。所以，

从本质上说，武术的最高境界和禅宗的最高法旨在某些方面是相通的，这就为禅宗与武术在内涵上架起了桥梁。（图2-24）

最后，禅宗讲求以"无念"而"见自性"，通过修炼获得"解脱"，最后达到一种自由的境界，而武术是通过严格的外在训练，以达到内心自由无拘，实现拳由心发的境地。正如李小龙所说，习武并不是击碎木板和石块，而是通过修炼打掉自己的虚伪、怯懦，以达到心灵真正的自由无拘。所以，禅宗和武术都是为了实现心灵"自由无拘"的终极目标。

由此，武术因禅宗的出现而真正走进寺院，由最初护寺的手段转变为参禅的法门，并最终和禅融为一体，达到了一个"禅以修心，武以修身；以武悟禅，以禅修武"的境界，从而开启了"禅武合一"的时代。

图2-24 在习武的少林武僧

武道神艺

中国武术

3

武之呈现

执以干戈

《礼记·檀弓》有言："能执干戈以卫社稷"，意思是拿起兵器保卫国家。这里的"干"指盾牌，上古时期秦称之为"盾"，山东六国称"干"；"戈"指进攻的武器，类似今天所见的矛。干戈在古代最为常用，因此也被用作兵器的通称，亦指战争。可见兵器自古以来就是用于自卫的工具，与战争之间的关系非常密切。

专用兵器的产生

从原始社会早期开始，兵器就伴随着人类的战争出现了。旧石器时代的石器具有双重功用，大部分为武

图3-1　武松打虎（刘继卣绘）

　　"武松打虎"是施耐庵著作《水浒传》中的故事，主要讲述梁山好汉武松在回家的途中，在景阳冈遇到一只猛虎，在喝醉的情况下把这只猛虎打死，为当地老百姓除去一大害。后被世人传为佳话。武松打虎的兵器就是一根行路防身用的棍棒。

术兵器同时也是生产劳动工具。例如木棍，在当时不仅是一种最常用的生产工具，而且还是一种最常用的格斗兵器。其属性主要依据其用途而定。当将采集狩猎的生产工具用于同人的搏杀时，它就被当作兵器了。

（图3-1）

　　原始人最先学会使用的是自然界常见且经过初步加工而带有锋利边缘的石块和木棒。到旧石器时代中期，就有了复合工具。例如在木棒上装上石制的矛头而制成的矛，在木柄上装上石刃的刀，这是技术发展中的重要进步。旧石器时代晚期各式各样的复合工具则更多了，不少还与坚硬的骨头相结合，如骨镞、骨矛头、骨鱼叉（图3-2）等，这些复合工具的杀伤力较大。旧石器时代类似兵器的石器共计七种：有的前端一钝尖，腹部前方为凹入利刃，脊部前为凸出利刃，呈椭圆形；有的前端为圆形利刃，腹部全为利刃，呈肾形；有的前端为一尖，腹部为外凸之利刃，脊部及后端皆为宽面，呈刀形；有的前端为三个面所成之尖，腹部为利刃，脊部及后部为宽面，呈三角形；等等。然而，在旧石器时代，这些工具多半还是用来生产狩猎。

　　新石器时代，随着生产效率的提高，人类掌握了磨制、钻孔等更为高明的加工技术，出现了更为复杂的专门用于战争的兵器。这一时期的石器、骨器做工细致而精美，甚至可与现代的一些石器相媲美。据周纬《中国兵器史稿》统计，新石器时代具有兵器性质的有五种，包括石斧锛和石钻凿、石刀和石刃、石镞、石戈与石钺、石铲和石锄。到了新石器时代末，经过长期、频繁的部落战争，从最初原始人使

图3-2　骨制鱼叉

　　中石器文化时期，白莲洞三期文化，江西万年仙人洞出土。

图3-3 《武备志》中所绘的明代神臂床子连城弩

弩，一种用机械力量射箭的弓。《武备志》中所绘的明代神臂床子连城弩的弩床较宽，弩臂也比较宽，可以并排放置四支弩箭，同时发出，威力较大，是一种射程较远的强弩。

用的生产工具中转化而来的兵器，已经初步形成进攻性和防守性兵器的几个主要类型，如远射兵器，包括弩（图3-3）、弓箭、投掷石球的"飞石索"及由渔猎用石、骨鱼镖发展、演化而来的"绳镖"式的带索镖等；格斗兵器，包括木棒、石锤、石（骨）矛、石斧、石钺等；卫体兵器，包括石匕首、石刀等；防卫兵器，包括用猪皮做的盾、

藤条做的甲胄及用石头或骨头做的护臂（图3-4）等。这些原始生产工具或兵器，后来大部分具备了古代兵器的雏形。除弓箭外，像棍、棒、斧、钺、矛、刀等大都被列入"十八般兵器"中。

青铜器时代

自夏朝开始，中国开始进入青铜器时代。青铜器的出现，标志着人类社会开始进入金属器具的时代，兵器的发展亦进入一个全新的历史阶段。

图3-4 石甲胄

秦始皇陵陪葬坑出土。甲胄由青灰色石片组成。甲片形状主要有长方形、等腰梯形、直角梯形、圆形等几种；另外还有其他形制、属于特殊部位的异形片。甲片上钻有一些圆形或方形的小孔，用扁铜条连缀在一起。

61

青铜是商周时期最重要的资源和财富。由于其具有坚韧、可塑的特质，非常适合用于制作武器。1975年，在甘肃东乡林家马家窑类型的遗址中出土了一件铜刀。经考古学家证实，其年代为公元

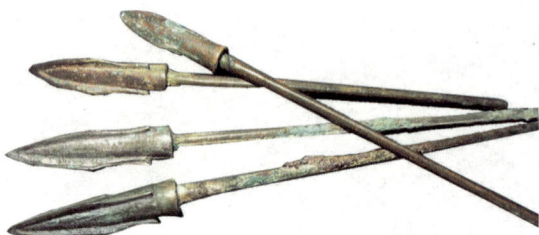

图3-5 青铜箭镞

箭镞，即箭头。到商代，箭头已由青铜制作，除狩猎外，多用于战场，成为远射武器。

前4800年左右，被确定为迄今发现最早的青铜器。由于古代先民对冶炼技术知之甚少，早期冶炼的铜一般只能用于制作较短的兵器，如箭镞（图3-5）、矛尖等。自商代开始，青铜器被大批生产，除少部分用于劳动之外，大多还是作为礼器和兵器用于祭祀和打仗。

图3-6 汉武氏祠壁画中出现的车战

中国古代战争中以车辆装备为主进行的战斗称为车战。车战在中国古代商周时期曾经是两军战斗的主要战法。古代车战时，战车上士兵使用的都是长兵器或远程抛射兵器。

商周时期，战争的主要方式为车战。当时用于车战装备的兵器主要分为三类：弓弩为远射兵器；戈、矛、戟等为格斗兵器；剑为卫体兵器，其中戈使用最多。由于矛可直刺，戈可钩啄，商代古人便把两者结合起来创造了以适应车战的既能直刺又能钩啄的戟。从《晏子春秋》所言的"戟拘其颈，剑承其心"可知，戟最主要的作战功能是用来钩割。另外，为适应车战的需要还创造了首端加尖形物的殳等兵器。《楚辞·国殇》中的"操吴戈兮被犀甲，车错毂兮短兵接；旌蔽日兮敌若云，矢交坠兮士争先"就生动地描述了商周时期的车战场景。（图3-6）

春秋战国是我国历史上的一个大变革时代，诸侯割据、征战频繁。为了应付连绵不断的战争，各诸侯国不断改进并大量制造各式各样的武器，进行着一场场"军备竞赛"。战争对大量兵器的需求促进了冶炼技术的发展，而冶炼技术的提高又为短小兵器逐步发展为作战所用的长柄戈、矛和弓箭，以及防护装备青铜甲胄、盾牌 (图3-7) 和战车的出现等提供了可能。精巧的冶炼技术和锻造打磨工艺为中国古代制造业文明开了先河。

图3-7 青铜盾

盾，古代战争用具。用于进攻时防御，可以掩蔽身体，防卫敌人兵刃矢石的杀伤。通常和刺杀格斗类兵器，如刀、剑等配合使用。古代的盾种类很多，形体各异。从形体上分有长方形、梯形、圆形、燕尾形，背后都装有握持的把手。

随着认识的不断提高，人们发现在某些金属里面添加一些微量元素可以改变金属的特性，于是合金产生了。合金的发现以及大量使用促进了冶炼技术的发展。当时南方吴、越、楚等国造剑业相当发达，涌现出一批如欧冶子、风胡子、干将、莫邪等名垂青史的铸剑大师。他们为后世留下一批传世名剑，如龙渊、太阿（亦作泰阿）、干将、莫邪等。其中越王勾践剑 (图3-8) 最具代表性。黑色菱形几何暗格花纹布满剑身，剑格两面以蓝色琉璃和绿松石镶嵌成纹饰，丝绳缠缚剑柄，剑首铸有极其精细的11道同心圆圈。在这把锋利无比、精美绝伦的青铜剑剑身正面近格处刻有两行鸟篆铭文"越王鸠浅自作用剑"。这把 "天下第一剑"所展示出的高超铸铜水平，即使是今天的人们运用现代高科技仍然无法仿制出第二把。

到了秦代，兵器仍以青铜器为主。从秦始皇陵出土的大批兵马俑所持

图3-8 越王勾践剑

　　1965年12月，湖北江陵望山一号墓出土。出土时，剑与剑鞘之间十分吻合，宝剑出鞘，寒光熠熠，且剑身毫无锈蚀，剑刃锋利，20余层纸一划而破。

　　的兵器来看，除了目前所见的一件铁矛外，几乎所有兵器都以青铜为主，这与战国时的六国相比是落后的。在秦始皇陵中发掘的兵器种类主要有铜矛、戈、钺、戟、铍等长兵器以及弓、弩和大量的铜镞等远射兵器，长兵器殳主要用于仪仗。这些青铜兵器与以前的兵器相比，形制变大，增强了杀伤的范围和力量。

铁器时代

从战国时期开始，我国进入到封建社会。随着封建社会经济的繁荣、科技水平的提高，冶铁业也迅速地发展起来，铁器时代的到来也意味着兵器全盛时期的到来。

那时候，除了农业之外，冶炼业是最发达的产业。我国大约在春秋中期就掌握了比较精良的冶铁技术（图3-9）；不迟于春秋晚期即能炼成铸铁（也叫生铁），比欧洲领先了近两千年。而我国炼铁技术突飞猛进的首要原因，是在世界上最早采用了高炉炼铁。

图3-9 《天工开物》中关于冶铁的记载

《天工开物》是明末科学家宋应星写下的中国古代科技巨著。其中用"生熟相和，炼成则钢"的简明语言，对灌钢炼钢方法作了生动的描述。

由于铁的蕴藏量较为丰富，且铁器的坚硬度比铜器要好，又易于铸造，因此，铁兵器逐渐代替了铜兵器，成为当时战争的主要兵器。相比较而言，铁兵器的品种更加齐全。据大量的出土文物表明，当时的铁兵器有戈、戟、矛、殳、斧、钺、锤、锥、刀、剑、匕首等。

此后经秦、汉、魏、晋、南北朝、隋、唐，直到唐末火器的出现为止，都属于我国兵器发展史上的铁兵器时期。在这一漫长的历史岁月里，历代统治者为了战争的需要，都十分重视生产大量质地优良又成本低廉的铁兵器。当时士兵衣着铁甲，手操铁杖，使用铁斧、铁刀、铁钺、铁矛、铁戟、铁剑等铁制兵器。这些武器制造精湛，造型考究，杀伤力强，堪称世界兵器宝库中的瑰宝，显示了中国兵器发展史上的灿烂与辉煌。但由于铁器容易锈蚀，大量暴露在空气中的铁兵器已消失于历史的尘埃中，只有

为数不多的铁兵器被保存了下来。

随着作战形式由车战向步骑兵的转变，在这段历史时期中，都会阶段性地对某种兵器产生依赖，同时淘汰和演变也非常频繁。如，商代发明的戟从春秋至秦汉一直是车战、步兵及骑兵的主要武器；汉末以后，戟在骑战中的地位被矛和槊所替代，渐渐地退出了军事战争的舞台。同期矛或槊的长度出现了增长，这是因为当时的骑兵将士与战马多披甲，戟有旁枝，不利穿刺，不如矛槊，双锋尖刃，易于透甲；马上战斗，双方执矛前刺，若矛长可先刺中对方。（图3-10）

进入火器时代后，火药在战争中显示出了自身强大的优势，冷兵器无可挽回地退出了战争的历史舞台，转而在民间找到了栖身之处，成为了民众自卫防身、强身健体的工具。

图3-10　《阿玉锡持矛荡寇图》卷（清，郎世宁绘）

本图人物为平定西域勇士阿玉锡。画中，阿玉锡头戴孔雀翎暖帽，身着箭衣，背挂火枪，腰系箭囊，一手执缰一手执矛。坚毅、勇敢的阿玉锡持矛跃马，杀敌如入无人之境。

67

▍嬗变之器

通观中国冷兵器的发展史，可知中国古代兵器种类繁多且一直在不断演变，因此，各种兵器成型的时期亦各不同。现代武术兵器中的剑和枪就基本定型于唐代，但大多数兵器还是成型于明清时期，其重要的标志之一是在明清时期"十八般武艺"有了具体的内容。要想细细考究每种兵器在历史中的变化是一项颇为繁杂的工程。即便如此，若我们沿着兵器传承的历史脉络，仍然可以从中摸索出一些规律性的东西来。

军事兵器

在中华民族几千年的历史进程中，为战争而生的军事兵器在不同的时期经历了各种形态。总体来说，从产生过程的角度我们大致可将其归为六类：

第一类是同类归属的兵器。这是指虽在大小、形制、重量，甚至使用方法等方面稍有变化，但是仍然不失其祖。比如剑，由于一开始铜的冶炼技术还不成熟，西周初期的剑普遍都非常短小，长约20厘米，亦称匕首。随着冶铜技术的进步，春秋的剑有所加长，但一般也只是在50厘米左右，主要用

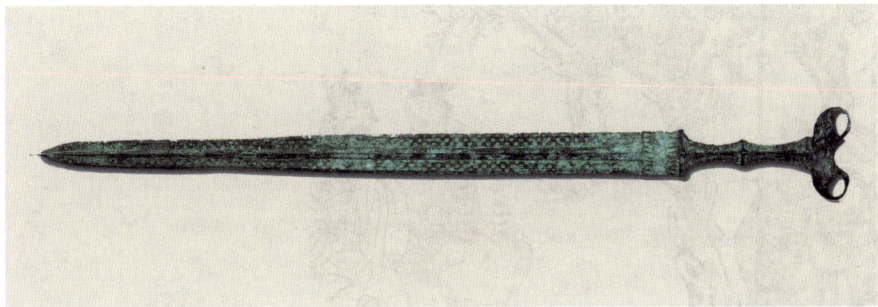

图3-11　战国方格青铜剑

　　*剑首似兽面，中间有一穿孔。剑格铸锯齿纹。剑身满饰方格
纹，中间起一脊。整体纹饰较为清晰，铸造精良。*

来刺击；到了战国时期，剑身普遍加长，达到70～100厘米，个别甚至长达100厘米有余 _(图3-11)，除了刺击以外，还可以两手劈砍。从发展历史来看，虽然剑的变化非常显著，但仍旧归属于一类。

　　第二类是由两种或两种以上兵器复合而成的兵器，例如戟。戟是戈和矛的合成体，它既有直刃又有横刃，呈"十"字或"卜"字形，因此戟具有钩、啄、刺、割等多种用途，其杀伤能力胜过戈和矛。再如钩镰枪。钩镰枪 _(图3-12) 是在枪头锋刃上有一个倒钩的长枪，枪头尖锐，其下部有侧向突出之倒钩，钩尖内曲，枪杆尾有铁鐏。钩镰枪的枪头和普通长枪一样，起到刺杀作用，侧面的倒钩则既可以用来砍杀敌人，也可以钩住敌人，能有效防止敌人奔逃。

　　第三类是由先前兵器变异的兵器。素有"百兵之王"之称的矛，在两晋南北朝的记载中出现了一种变异——"两刃矛"。这种矛在柄杆的两头都装有矛头，使用方法也有别于一般，用四字概括其技艺的特点就是"左右击刺"。其实，早在先秦的《墨子·备蛾传》中已有关于两刃矛的记载："操二丈四矛，刃其两端。"在近代武术中也有类似的两刃矛，俗名

图3-12 《水浒传》插图中的钩镰枪

《水浒传》第五十六回中，徐宁教众军使钩镰枪，宋江并众头领率军用钩镰枪破了敌人的连环马。

"双头枪"，正是由矛演变而来的。其他如钩是由戈演变而来；又如柯藜棒、杵棒、白棒、爪子棒、狼牙棒等都是古代殳的变异等。

第四类是直接来源于生产工具的兵器。从某种意义上来讲，所有兵器其实都来源于生产劳动，只是有直接和间接的区别。《武经总要》中记载了一种叫"铁链夹棒"（又称连枷棒）的兵器。这种兵器出现很早，最初是作为打麦子用的农具，后演变为一种守城的兵器和骑兵用的击打兵器，现在演变为武术器械中的二节棍和三节棍。除此之外，直接来源于生产的兵器还有耙、铲等兵器。耙是农业生产中传统的翻地农具，曾经是农家必备的农具之一。铁齿钉耙，耙齿锋利似钉，攻击性强，一度成为军中最厉害的武器之一。《西游记》中猪八戒使用的兵器就是钉耙。铲也是由生产工具演变而成为古代战争的兵器和武术器械。早在新石器时代已有石铲，商代铸有青铜铲，战国晚期开始使用铁铲。民间流传僧侣多用铲，平时可代替扁担负重或供开路使用。

第五类是在特殊历史环境中产生的兵器。比如，由明朝矿工起义军发明的狼筅 (图3-13)，又名长枪、狼牙筅，形体重滞，首尖锐如枪头，杆长五米，头与杆均为铁制，重约七斤，均为力大之人所使用。

最后一类是舶来品。早在周、秦，我国制作的剑、刀等兵器就已传入日本，其传入途径主要经由朝鲜半岛。日本民族是一个非常善于学习的民族，随着中国几个朝代刀剑及其制造工艺的输入，日本的刀剑锻造工艺突飞猛进，并后来居上。到明代，具有明显日本特色的刀剑反过来开始大量进入中国，这种刀刀身修长，刀薄如纸，坚韧锋利，被称为"宝刀"。

据日本古籍《善邻国宝记》记载，日本为了恢复中日贸易，于明建文帝三年（1401）派使者奉表通好，并"献方物"，其中就包括"剑十腰，刀一柄"。到永乐元年（1403）日本第二次"献方物"时，刀增加到了一百把。以后所进献之物中，刀几乎成了最重要的物品之一。由此可见，舶来品亦是我国古代兵器种类当中的重要一部分。

个人兵器

以上说的大多是用于战争的军事兵器，而作为个人武艺所使

图3-13 狼筅

用的兵器则要更加丰富。

首先，武功作为个人的防卫技能是军队战斗力的重要保证，但用在军事上之后，二者之间有着本质的区别。如明代著名将领戚继光在《纪效新书》(图3-14)中写道："开大阵，对大敌，比场中较艺、擒捕小贼不同。堂堂之阵，千百人列队而前，勇者不得先，怯者不得后。丛枪戳来，丛枪戳去，乱刀砍来，乱杀还他，只是一齐拥进，转手皆难，焉能容得左右跳动？一人回头，大众同疑；一人转移寸步，大众亦要夺心，焉能容得或进或退？"

可见，个人武艺和军事武艺的确有很大不同，因此，用于自卫的兵器与用于军事战争的兵器就更加有区别了。如，"五兵"之一的"殳"，长达四米，除了用于战争外，想必很少会有人在私下练习这种兵器；又如，从原始社会一直沿用至今的棍，一进入金属时代后，在战场上就失去了实用价值，而只在民间使用了。

军事战争中所使用的兵器更加强调杀伤力与分工协同，一击毙命、规范化、统一化是其特点，而个人防卫使用的兵器则随意与灵活得多，大到铁铲、铁锹、耙、斧头，小到匕首、菜刀、板凳、扁担、大烟袋、皮带、鞭子等，都可以用来做防身自卫的兵器。

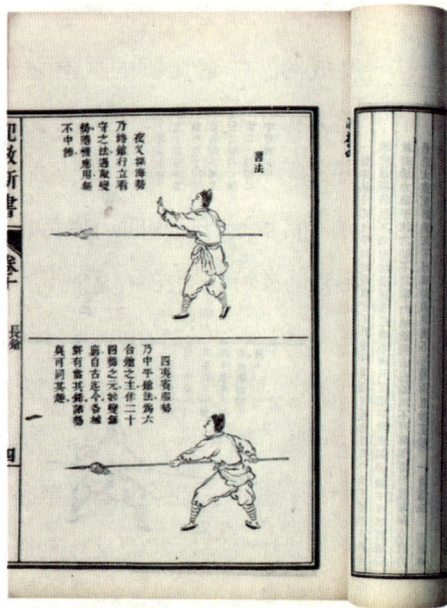

图3-14 《纪效新书》记载的枪法

《纪效新书》是戚继光在东南沿海平倭战争期间练兵和治军经验的总结，详细而又具体地讲述了水陆训练、作战和阵图、诸种军械兵器及火药的制造和使用等建军作战的各个方面，并有大量形象逼真的兵器、阵法、习艺姿势等插图。

当然，与战争中多使用长兵器不同，民间习武者多倾向于使用便于携带的短兵器。以匕首为例。匕首可以算是最早的防身武器，原始社会的人们偶然发现摔破的石头带有长刺，可以用来防卫，于是便有意用坚硬的石头打制或磨制成为带尖的"切削器"，这就是最早的石匕首。《史记》中记载的曹沫执匕首劫持齐桓公和《战国策·燕策三》中所记载的"图穷匕见"的故事，都说明了匕首具有短小精悍、易于携带、适合近距离进攻的优势。汉代匕首常常与长剑并用，军队中除装备常规兵器外，有的也配有匕首以备急用。唐代大诗人李白的《乐府·结客少年场行》说："少年学剑术，凌轹白猿公。珠袍曳锦带，匕首插吴鸿。由来万夫勇，挟此生雄风。"可见匕首长久以来以其独特的功能而普遍为兵家武士、行者侠客所用，作为一种常见兵器而流传至今。（图3-15）

兵器的体育化

到了近代，武术顺应时代潮流，加快了向体育化方向发展的步伐。武术兵器也为了适应比赛的需要而经历了改头换面的变革与创新。当代的武术兵器主要分为两大类：

一类是自古传承下来的各式兵器，如长兵器中的钩、叉、斧，短兵器中的尺、轮、锤，杂兵器中的鸳鸯钺、判官笔、点穴针，暗器中的飞镖、梅花袖箭（图3-16）、花装弩，等等。这些兵器种类繁多（有些已经失传），虽仍具有一定的搏杀功能，但是主要作为个体防身自卫、强身健体的体育工具。以飞镖为例，飞镖又称脱手镖，是古代战场上的常用暗器，其作用不亚于弓箭，百步以内可打击敌

图3-15　清代青玉马首匕首

图3-16 梅花袖箭

　　古代暗器之一，用时藏于袖中，一按机栝，箭即发出。袖箭的箭筒盖上有射孔，筒内装一弹簧，其下端连于尾盖，上连一圆铁片；箭为竹竿铁头，箭长约15厘米。使用前，将箭杆压入筒内，弹簧被压紧。发射时，箭被弹射而出。袖箭的发射不靠手劲而全靠机械的力量。

图3-17 中国传统飞镖

　　镖尾系的镖缨有调整飞镖走向的作用，提高飞镖打击的准确性。

方头部和躯干的各个要害部位。镖多为铜制，且根据用镖人的身材特点和喜好习惯其形制各有不同。一般的飞镖前面为三棱形，后面为平顶，长三寸左右，重约六两。镖分三种：一种为带衣镖，镖尾有系长度约为镖身一半的红绿绸带（图3-17）；一种为光杆镖，不带镖衣；还有一种是毒镖，用毒药煎煮或在镖头上涂有毒药膏。如今练习中国传统飞镖的人并不多，而对起源于英国的现代飞镖运动感兴趣的人倒不少。不论是传统飞镖还是现代飞镖，练习的主要都是眼力和腕力。

　　另一类是专门用于武术比赛的兵器，如短器械：刀、剑、匕首，长器械：枪、棍、大刀，双器械：双剑、双头枪、双戟，软器械：九节鞭、绳镖（图3-18）、流星锤，等等。这类兵器种类受限，为了便于比赛，在保持原来形制的基础上，对重量、长度和质地等进行了统一的规范。如，比赛中的枪全长不得短于参赛者本人直立直臂上举时从脚底到指端的长度，枪缨的长度不

图3-18　绳镖

是一种将金属镖头系于长绳一端制成的软兵械之一，也作暗器。既可掷抛远击，又可缩短近击，具有携带方便，收缚隐蔽，打击突然，猝不及防等特点。演练时运用身体的各部位做缠绕收放的各种动作，使镖由圆周运动瞬变为直线运动时应手而出。

得短于20厘米，棍的全长不得短于参赛者本人身高，而枪、棍的直径则都是根据参赛者的性别与年龄有着不同的规格要求。刀、剑则需按参赛者的身高确定使用的型号，每个型号对长度和重量都有严格的规定。此外，刀的硬度标准为刀身直立，自重下垂不得出现明显弯曲，并应有一定弹性；而剑的硬度标准为剑身直立，自重下垂，剑身不得弯曲；刀、剑在外力作用下弯曲90°，且三分钟不变形；等等。这类兵器显然已经失去了搏杀功能，而仅仅是便于比赛的器械。

▌ 百家流派

　　流派就是武术在历史演变过程中形成的不同风格与表现形式的技术派别，其原因是极为复杂的。中国武术的一个显著特点就是流派众多。据20世纪80年代武术研究统计显示，当时传承有序、拳理清晰、风格迥异、特色鲜明的武术流派超过百种，由此可见中华传统武术发展之盛。

流派的形成

　　武术流派的出现最初表现为各种兵器及其使用方法的多样性，这与军事武艺发展有密不可分的关系，毕竟在军事产生的初期，军事武艺与武术的融合度极高。汉代的《兵技巧》一书是最早的武术专著。此书重点讲解了射法、拳法、剑术等方面的技术，并对武术进行了分门别类，这可以视为武术流派的萌芽。同时期的武术专著中也出现了"法""家"等武术流派的专有名词，如《典论·自叙》中"余又学击剑，阅师多矣。四方之法各异，唯京师为善"；《论衡·别通》中"剑伎之家，斗战必胜者，得曲城、越女 (图3-19) 之学也。两敌相遭，一巧一拙，其必胜者有术之家也"。总之，汉代军事武艺的发展极大地促进了武术技艺的规范化和多样化，为

图3-19　汉画像石中的《越女舞剑图》

越女，春秋时女剑术家，越国人。她以《易》理、《老子》思想及《孙子兵法》之战理论剑，从理论到技术、战术及心理等各方面论述击剑要领，阐明了剑艺中动与静、快与慢、攻与防、虚与实、强与弱、先与后、内与外、逆与顺、呼与吸、形与神等的辩证关系，论述了内动外静、后发先至、全神贯注、迅速多变、出敌不意等搏击的根本原则。

武术流派的创建和发展拉开了序幕。

汉代之后，武术流派开始以器械为标识来分门别类。在特定时期内，武术流派的产生是兵器使用技术进步的标志。如：枪术中形成了杨家枪（图3-20）、马家枪、石家枪、沙家竿子、李家短枪等流派；棍术中形成了少林棍、青田棍、巴子棍、紫微棍、张家棍、腾蛇棍、东海边城棍、俞大猷棍等流派。

随着古代战争规模的扩大和作战方式的转变，不同兵种之间的分工与协作成为决定战争胜败的关键。武艺在军事领域作用的弱化促进了其在民间保家自卫领域的渗透与转化。这一时期，掌握武功技艺的人们逐渐将其改造成为维护宗族利益的工具和私人健身的手段。而中国古代社会以家庭本位主义和宗法制度为特征的自给自足的小农经济方式，使武术在宗族内部、结社组织内部以及师徒间狭小的范围内流传，最终形成了武术流派千枝百蔓的景象。

在传承与创新中逐步成型的武术流派，其形成与繁衍主要有四种方式。一是通过拳种流派支系繁衍的方式。如太极拳最初由河南温县陈家

图3-20 反映宋代杨家将及其枪法传承的戏曲绘画《金枪传》

杨家枪，相传为南宋末年红袄军首领李全的妻子杨妙真所创的枪法。在明代，杨家枪名声很大，被誉为最上乘的枪法，古代兵书《武编》《纪效新书》《阵记》等书均有记载。

沟陈氏族人创立，此后此拳法在族内世代相传，直到传至第十四代陈长兴时，始传外姓杨露禅，从此太极拳开始由一地传向全国，形成如今的杨式、孙式、吴式、武式、陈式等流派。二是通过对一些技法特征相同的拳种进行归类，促进了流派的壮大。如源自嵩山少林寺的少林拳（图3-21），通过对一些流传到民间又在此基础上进行了继承创新的拳种的合并，形成了一个内容庞杂的少林派。三是通过融汇诸家拳派的方式。清代一些以武会友、相互交流的活动较为普遍，由此通过对诸家拳派的融合，创立了一些新的拳派，如蔡李佛拳、五祖拳等。四是与其他项目的交融和借鉴。如通过武技与气功的交融，"练形以合外，练气以实内"的宗旨被广泛认同。清代流传的心意六合拳、太极拳、八卦掌等，尤其注重气的练习，追求意、气、力、行的有序配合，从而达到内外双修的目的，极大地提升了武术的健身功效。

这些武术流派形成之后，进行着各自相对独立的发展且不断流转变化。一方面，各流派除了内部时常有切磋外，门派之间几乎没有交流。这与武术自身的特性有关，毕竟武术的传授多半是在私密的状态下进行。为了保持门派的权威性与正统性，老拳师们也要求弟子相对保守，这也促进了各流派的独立发展。另一方面，中国武术的传承方式是以师徒传承为核

图3-21　少林寺壁画中描绘的拳法

心，因此带艺师傅的迁徙客观上促成了技艺的迁移，带艺师傅的聚集则带动了武术流派的汇聚与创新。例如，沧州过去是兵家和商家的聚集之地，也是犯人发配充军的地方，居住的人形形色色，不少身怀绝技。经过多年积累，沧州渐渐成为武林精英荟萃、豪侠云集之地，故而形成了浓厚的习武、尚武的民风。

流派的传承

在古代社会武术不同于一般生计，它具有保财活命的特殊功用，于是，这些拥艺在身的师傅们备受社会其他成员的青睐和追捧。师傅们的武艺得来实属不易，因此也倍加珍惜，对徒弟的天分与德行的要求非常苛刻，绝不轻传。

在内家拳的传承中即有"五不传"的说法：心险者、好斗者、狂酒者、轻露者、骨柔质钝者不传。上述"五不传"的内容除了最后一条是对传承者的身体条件有要求外，其余均就个人品德而言。此后，有关这方面的要求更为具体。如清代《杨氏传钞太极拳谱》中列有"八不传五可授"，其"八不传"曰："第一，不传不忠不孝之人；第二，不传根底不好之人；第三，不传心术不正之人；第四，不传鲁莽灭裂之人；第五，不传目中无人之人；第六，不传无礼无恩之人；第七，不传反复无常之人；第八，不传得易失易之人。"其名目与内容显然是在内家拳"五不传"基础上的进一步延伸，充分反映出中国传统武术有关收徒择人的道德标准，这也是中国传统文化中历来重视品德的体现。现在流传下来的一些拜师学艺的故事就是中国武术文化的真实写照。其中，最为典型的要数"杨露禅三下陈家沟"了。

图3-22　杨氏太极创始人杨露禅

杨露禅_{（图3-22）}，河北永年县人，因家中贫苦而在"太和堂"中药铺中做工。老板陈德瑚见杨露禅为人勤勉能干又聪明可靠，便派他到故乡河南焦作温县陈家沟干活。恰巧此时陈式太极拳第六代传人陈长兴在陈德瑚家授徒。少年就开始习武的杨露禅也想入门，但又担心会被拒绝而不敢拜师。在陈氏师徒练拳时，杨露禅躲在一旁观看，并暗暗记下所见招式后私下练习，过了一段时间竟小有所成。陈长兴发现后，感叹其才，非但不怪罪，还大胆摒弃门户陈规，准其学习太极。

杨露禅正式拜师后，朝夕苦练，寒暑无间，自以为有所成就。六年后回到永年县，有好事者撮合他人与之比武，结果杨露禅输了。杨露禅心中不服，因此发愤二去陈家沟继续学习。在此期间，杨露禅加倍勤奋地练习。一天晚上，杨露禅从睡梦中醒来，听见隔院有练功的声音，于是透过破墙缝偷视，见其师陈长兴正在教门内弟子太极拳的精义，大为惊奇。从此每夜都去观看，然后与同门外姓师兄弟李伯魁悉心研究，功夫大进。

过了六年，杨露禅再次回到永年县，又有武艺高强者与其相约比试。比武中杨露禅拿出全部本事，还是始终无法获胜。杨露禅悟出，虽然从师十余年，但未能深入堂奥得到太极的精髓，于是发愤三到陈家沟。陈长兴为其执着、诚恳、恭顺和勤奋的精神所感动，抛弃"留一手"的祖训，将毕生所学之技艺倾囊相授。如此又过了两年多，杨露禅拜别老师到了北京，广收门徒，成了历史上第一个将太极拳发扬光大的人。(图3-23)

中国武术史上这类故事还有很多，而这种类似家庭血缘关系的师徒关系牢固地维系着各武术流派武功技艺的传承，好的徒弟也成了师傅事业生命的延续，因此，古代武艺传承中的师徒关系有时甚至会超出血缘关系的亲情。师傅在与徒弟的教学相长中不断总结技艺、推陈出新，并将这些技艺编纂成套路以便于传授，而徒弟们也会珍惜来之不易的功夫并为发扬光大这门技艺付出毕生心血。

图3-23　河南焦作温县陈家沟中国太极拳博物馆内的壁画
《太极拳招式图》

影响因素

武术派别的形成除了一些自身的规律之外，还受到地理环境、民族传统、宗教体制等深层次因素的影响。

一方水土养育一方人。中国幅员辽阔，生态环境迥异，由此也形成了不同风格的拳种和器械。民国文化大家郭希汾根据气候、饮食习惯等所造成人的体质、性情的不同将武术技击分成南、北二派。武林中也素有"南拳北腿""北弓南弩"的说法。关于"南拳北腿"形成的地理原因有两个：一方面，北方地区气候寒冷，下肢活动较多、运动量大，加之长时间生活在北方的人体格高大粗壮，于是创造了八极拳、戳脚等大开大合的拳种；而南方天气炎热，运动量小些，加之南方人大多身材矮小而灵活，打法细腻，于是创立了诸如南拳 (图3-24) 等众多拳术技艺。另一方面，北方陆地较多，活动空间较大，有利于大幅度武术动作的练习与使用，因此，北方拳种腿法技术发展较好；南方江河湖泊较多，陆路空间狭小，为了适应"地无三尺平"的环境，以拳为主的适合贴身短打的武技应运而生。而"北弓南弩"的形成原因则主要是：北方多大漠草原，一般在很远的地方就能看到猎物，所以有充足的时间缓缓拉弓，从容不迫地将箭射出去；而南方丛林居多，地形复

图3-24　南拳

　　南拳又称南方拳，是中国南方各地方拳种的总称。其特点是：套路短小精悍，结构紧凑，动作朴实，手法多变，短手连打，步法稳健，攻击勇猛，常伴以声助威，技击性强。

杂，不宜远距离射杀，只能近距离埋伏，所以会设计出弩这样小巧的武器。

少数民族的生活区域与习性也深刻地影响着拳种派系的形成。蒙古族是马背上成长起来的游牧民族，自古就有射箭和摔跤（图3-25）的习俗，在今天的那达慕大会上仍然保持着射箭、赛马、摔跤的比赛传统。而畲族分布于闽浙赣地区，其祖先最早在广东潮州一带。由于遭受压迫与歧视，长期散居山区并四处迁徙。在这种社会地位和自然环境中，畲族人民为求生存，不得不靠狩猎为生，一些生活技能逐渐演变成为用来防身自卫的武术。其拳术中主要有畲家拳、菇民拳、樟村拳、上宕功夫、法山拳等，棍术主要有齐眉杖（盘

图3-25　清《塞宴四事图》中描绘的摔跤比赛

　　"塞宴四事"是清朝皇帝重要的政治活动，在康乾之际频繁举行。布库（即摔跤）是其中非常重要的一项活动。清朝皇帝十分重视布库，专门设有善扑营，训练摔跤能手，目的是训练士兵的力量和格斗能力，使之随时保持战斗力。

柴槌）、钟家棒、茶园棍棒和扁担功等，自成体系，独具特色。

中国在秦代已经进入封建社会，宗法制度作为古代中国的一项基本制度一直在延续。宗法制度是由氏族社会父系家长制演变而来的，是王族贵族按血缘关系分配国家权力，以便建立世袭统治的一种制度，其特点是宗族组织和国家组织合而为一，宗法等级和政治等级完全一致。

作为维护社会稳定的一项基本制度，宗法制度具有内相凝聚、外相排斥的特征。而武术作为保护本族安危的重要手段自然不会公开教习，各流派的独门绝技一般也"传内不传外"，甚至"传男不传女"，因为女儿长大后总要嫁人，嫁出去的女儿就不能再算作自家人了。在宗法制度的影响下，武术发展呈现门派林立、拳种繁多的局面，同时各拳种流派间也缺乏基本的交流与融合的机会。宗族在拳种形成上的直接影响表现在拳种的名称上：以"门"命名的有红门拳、风门拳、自然门拳、罗汉门拳等数十种；以姓氏命名的有蔡家拳、李家拳、莫家拳、岳家拳、戚家拳、陈氏太极拳、杨氏太极拳（图3-26）等数十种。

宗法制度所造就的农耕文明与封闭的生活方式导致了近代武术在向体育转型的过程中步履艰难。随着武术融入现代体育步伐的加快，传统各派武术间相互交流和借鉴的机会也日益增加，拳种和流派趋于合并和减少在所难免。目前，传统武术流派的挖掘整理与继承成为当代武术发展面临的一项重要课题。

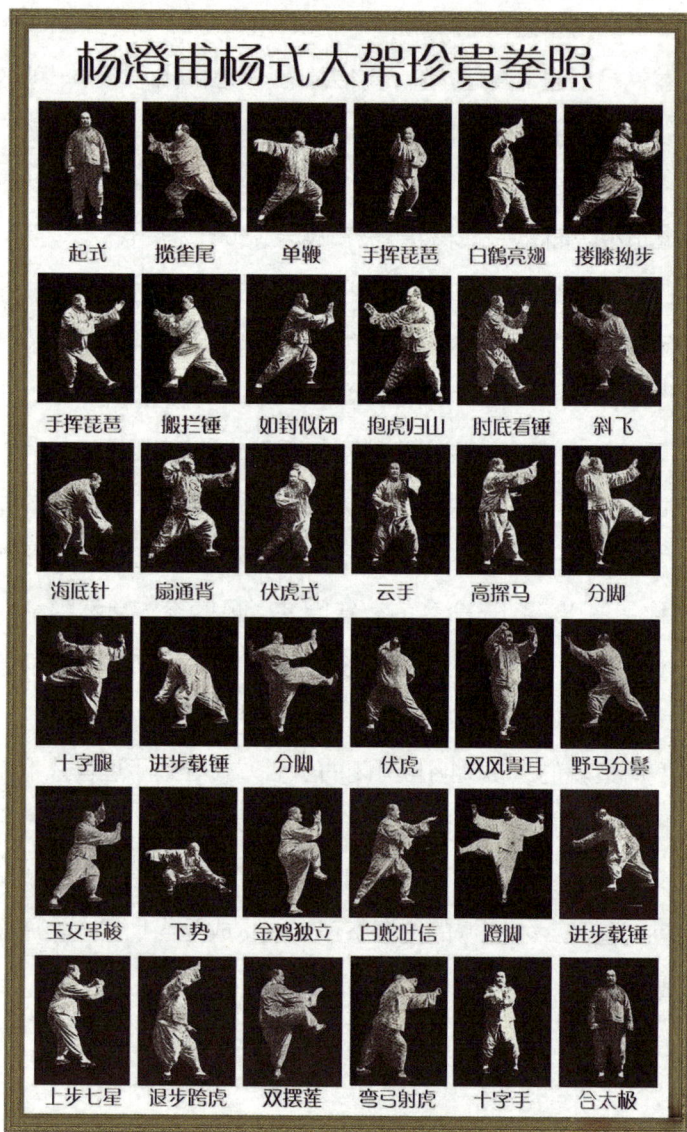

图3-26　杨澄甫杨式大架拳照

▍内外之争

明、清两代中国武术发展到了鼎盛时期，不仅涌现出诸多风格迥异的流派，还出版了大量的武术著作，如《剑经》《纪效新书》《武编》《耕余剩技》《阵记》《武备志》（图3-27）《手臂录》《苌氏武技书》等等。这些著作中大多含有关于武术流派门派分类的论述。就在这一时期出现了将武术分为"内家"与"外家"的说法，并且很快盛行于武林，引发了不少争论。

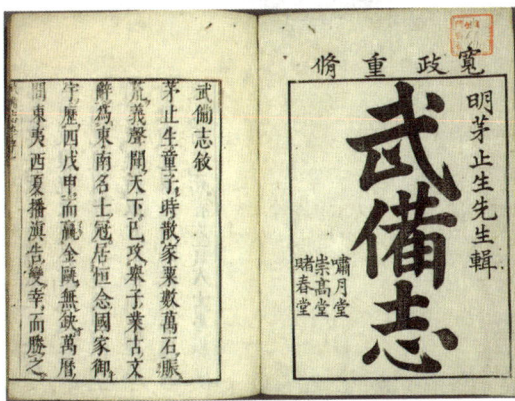

图3-27　《武备志》书影

《武备志》为明代茅元仪所著，论述将帅领导统御之术，布阵列队之方，军用器械、城池碉堡之制造与应用，天候、地理、军心之忖度与应变，举凡武人必须知悉之各项武事，无不详细记载。尤以有关兵器之著述，其图像之多，搜采之备，均超北宋《武经总要》。

图3-28　武学大家孙禄堂

孙禄堂（1860—1933），名福全，字禄堂，晚号涵斋。清末民初蜚声海内外的著名武学大家，堪称一代宗师，在近代武林中素有"虎头少保""天下第一手"之称。他曾师从李奎垣、郭云深学形意拳，师从程廷华学八卦拳，师从郝为真学太极拳。后来他以郝氏太极为基础，融汇互合三家之精髓而创孙式太极拳。

最早的记载

内、外家的记载最早见于清朝康熙八年间（1669）浙东学派先驱黄宗羲所撰写的《王征南墓志铭》中："少林以拳勇名天下，然主于搏人，人亦得以乘之。有所谓内家者，以静制动，犯者应手即仆，故别少林为外家，盖起于宋之张三峰。三峰为武当丹士，徽宗召之，道梗不得进，夜梦玄帝授之拳法，厥明以单丁杀贼百余。"

清初王渔洋的《〈聊斋志异·武技〉评注》、清末民初武学大家孙禄堂 (图3-28) 的《太极拳学》、清雍正十三年（1735）的《宁波府志·张松溪传》、民国八年（1919）出版的郭希汾的《中国体育史》以及当代各种关于中国武术史的著作中，凡有关内、外家的论著几乎皆以此为据。

黄宗羲之子黄百家所著《内家拳法》亦载："自外家至少林，其术精矣。张三丰既精于少林，复从而翻之，是名内家，得其一二者，已足胜少林。王征南先生从学于单思南，而独得其全。"此处，"张三丰"当与上文"张三峰"为同一人。从这个记载可以了解到，内家拳是由"精于少林"的张三丰"复从而翻之"的，换言之，内家拳是由少林拳演变而来的。

　　有关张三丰其人其名以及生辰籍贯历来众说纷纭，令人莫衷一是。那么，张三丰有没有在少林寺学过少林拳呢？除黄百家上述他"精于少林"之外，《北拳汇编》直言道："三丰本少林大弟子。"而近代武术史学家唐豪却对此不以为然，他认为："按中国释老之分，严若鸿沟，道人而为佛门弟子，附会其说者，盖亦不思之甚矣。"唐豪为了证明自己的观点，还专门前往少林寺，"遍考宋元明碑刻"，却并"未见有三丰武术之记载"。而查阅德虔大师编著的《少林武僧志》，也未发现有关张三丰的各种记载。由此可推论，张三丰为少林弟子一说可能是讹传。那么，既然没有张三丰在少林寺学武的记载，为什么世人还会把"精于少林，复从而翻之"的内家拳创始人附会于他呢？若果真内家拳是由少林"复从而翻之"，那么"精于少林，复从而翻之"内家拳的人会是谁呢？至今尚不得而知。

　　如此，内家拳的创始人众说纷纭，至今仍无定论。或许正是因为内家拳的起源如此神秘，才有了后人无限想象的空间，有了今日诸多有关内、外家武侠题材的小说与影视，使得后人为之入迷，从而也迫使后人把对内、外家的研究推上一个高度。

内家历史传承

　　尽管内、外家的起源不甚明朗，但在其各自历史传承上还是相对较清晰可考的。当代武术学家于志钧在《中国传统武术史》中列出了一幅少林武术流派图，明确地绘出了内家拳是由少林派拳术流出的一种拳种，但是内家拳最初的形态已无从考据，而后又出现了太极、形意、八卦三大拳系流入内家拳系的现象。从这幅图中可得知，"天下武功出少林"此言不虚。少林武术历史久远且体系庞大而繁杂，不但包括自己历来固有的拳术以及流入的众多外来拳种 (图3-29)，而且还流出了内家拳派。这幅图也恰好与黄宗羲所撰《王征南墓志铭》中的论点不谋而合。

89

图3-29　少林寺壁画中描绘的武僧徒手演武的场景

　　少林寺白衣殿内的巨幅壁画，绘于清代中期，画面总面积达100多平方米，是少林寺现存30多幅壁画中唯一反映少林寺武术的实物资料。壁画极为生动形象地描绘了少林寺众僧练拳演武的各种姿态，尽现了少林拳118手基础套路。

　　关于太极、形意、八卦三大拳种流入内家拳系这一说法，最初一些学者并不认同。唐豪在《内家拳》中指出："标榜太极拳为内家拳者，则近二十年间事，民国以前所未闻也。"又说："近人又以形意拳、八卦拳附会为内家拳，则尤可嗤。" 然而，至清代迅速发展起来的太极拳、八卦掌、形意拳因杨露禅、董海川（图3-30）、李洛能三人同时齐名于京师，得到了大家广泛的认可与推崇，渐渐被大家称为内家拳"三大拳种"，并在晚清时期最终形成以这三者为代表的内家拳体系。著名武术学者沈寿在20世纪80年代指出，太极、形意、八卦内家三大拳与浙东内家拳并无传承上的关系，而包括古代绵拳、阴劲拳，近代大成拳在内，符合内家拳拳理的都是内家拳。就这样，内家拳的最初概念和范围都发生了变化并不断吸收其他拳术的技术，显示出其强大的生命力与包容性。

那么，内家拳历史传承的脉络是什么样的呢？据《王征南墓志铭》载，三丰之术，百年之后流传给了陕西王宗。这百年之中又传给了哪些人？不得而知。之后，王宗又传授与温州的陈州同，陈州同又传授与自己的乡人。由此可推断陈州同是浙东地区传播内家拳的关键性人物。该墓志铭还记载了张松溪之徒有三四人，除了浙江四明叶继美之外，其他二三人也未有任何记载。自叶继美之后，传承的脉络渐渐明朗。

图3-30　董海川画像

董海川（1797—1882），原名董明魁，八卦掌创始人和主要传播者。董海川身材魁梧，臂长手大，膂力过人，擅长技击。相传在安徽九华山得遇"云盘老祖"传授其技，创立了八卦掌。

另外，内家拳传承的地区是由张三丰→陕西（王宗）→温州（陈州同）→四明（叶继美）→宁波（王征南）。除《王征南墓志铭》和《内家拳法》外，明朝万历大臣沈一贯所著的《搏者张松溪》以及浙东史学大家万斯同侄子写的《张松溪传》都很好地填补了黄氏父子所述内家拳内容的不足，为考察内家拳的历史脉络提供了重要的参考素材。另外，唐豪在《内家拳》一文中，根据上述文献资料，较为详尽地列出了内家拳传承的脉络。

之后，内家拳是如何传承的呢？黄百家于康熙十五年（1676）所著的《内家拳法》中叹道，内家拳"已成《广陵散》矣"，并自视其著述如同诸葛亮的木牛流马，尺寸虽详，而叹后人谁复能用，故断定内家拳已于清初失传。民国时期，唐豪为考证内家拳其后的流传问题，与友人方梦樵专程至宁波进行调查，后也发出"内家拳已于清初失传"的叹言。然而，前不久原全国武协主席、著名武术家顾留馨先生深情回忆起青年时代在上海精武会学习的情景时却说："内家拳没有失传，它在四川南充。"

即便黄、唐所言是正确的，然而这也不过只是黄百家这一支之失传。而"松溪之徒"有"三四人"，不知这三四之徒是否有薪火相传。另外，继叶继美之后，内家拳的传徒日众，除王征南一脉之外，黄、唐并未对其他各支脉进行稽考便早下结论，如此看来不免有些过于武断。

内、外家技理特点

据《宁波府志·张松溪传》载："盖拳勇之术有二：一为外家，一为内家。外家则少林为盛，其法主于搏人，而跳踉奋跃(图3-31)，或失之疏，故往往为人所乘。内家则松溪之传为正，其法主于御敌，非遇困危则不

图3-31 少林功夫"飞腿"

发，发则所当必靡，无隙可乘，故内家之术尤为善。"这个记载虽然有着明显的弘扬内家拳的意味，但在一定程度上还是反映出了内、外家之间的区别。从内容体系和技理特点上看，内家与外家的确有着较大的不同。

在内容体系方面，外家拳有少林派拳系、咏春拳、螳螂拳、翻子拳、劈挂拳、大小红拳、蔡李佛拳等，包括现在的竞技套路和散打；而内家拳内容体系有松溪内家拳、四明内家拳、太极拳、形意拳（心意、六合、意拳）、八卦掌、武当拳、梅花拳（梅花桩）（图3-32）、通背拳、古代绵拳、阴劲拳、近代大成拳等。

在技理特点方面，外家拳表现为主于搏人，朴实无华，刚健有力，刚柔相济，滚出滚入，出疾收快，招式多变，结构紧严，起横落顺，拳打卧牛之地，拳打一条线，偏重修身壮外；内家拳则表现为主于御敌，以静制动，主静处雌，后发先至，以柔克刚，以弱胜强，乘势借力，偏重养生实内。

比如内家拳"主静处雌"的技击战略，说的是技击攻防转瞬间的变化，强调动作速度

图3-32 梅花拳

梅花拳即梅拳，亦称梅花桩。武术拳种。为演练方便，在地面演练较为广泛。起源于明末，清乾隆年间流传较广。布桩图形有北斗桩、三星桩、繁星桩、天罡桩、八卦桩等。桩势有大势、顺势、拗势、小势、败势五势，套路无一定型，其势如行云流水，变化多端，快而不乱。

和击打力量，这与《孙子兵法》所提及的"示之以虚""攻其不备""避实击虚"的思想如出一辙。准确地说，与外家拳相比，三大内家拳都不是纯粹意义上的进攻性拳种。其中形意拳"硬打硬上无遮拦"的拳谚却容易让人误解为此拳强调进攻，像是外家功夫，而实际上形意拳进攻之前总是先考虑到防守，即"先行顾法（防守），再行打法"。如上步崩拳前一个拿拧动作、劈拳前一个按掌、炮拳同时出迎的上架，都是在接着对方进攻的同时或之后进而进攻的。这就需要练习者对对方的动作有准确的判断。"主静"，指的是在这样的情景下心理一个适度的调节与控制，要求静观其变，以准确的反应达到最终制敌的目的，而非静以待毙。"处雌"，是指在对阵时心理上能静下来，示之以虚，使对方受迷惑而轻视进攻，从而实施准确的打击。遇敌可用即为"打"，无敌在前则为"练"，方法合理方为"养"，内家拳技术体系中贯穿着"打、练、养合一"的指导思想。

总的来看，外家拳重修身而内家拳重养生。外家拳重外，通过身体的锻炼先强健自己外在的筋骨，以达到保护脏器和威慑敌人的目的，更讲究以力量和速度克敌，以招式为先；内家拳重内，通过身体的锻炼先充实内在的脏腑，以达到养生、延年益寿和御敌的目的，任何招式都是以意在先，拳脚随后，讲究以柔克刚，料敌在先。这些都是外家拳与内家拳在各自成长的过程中所汲取的中国传统文化的"养料"不同而导致的。

不过，内、外家之间也有一些基本的共同点：第一，毕竟内家拳是在外家拳的基础上发展起来的，内家拳有内功和外功，有柔亦有刚；外家拳也包含内功和外功，有刚亦有柔。第二，外家拳和内家拳都有仿生象形的拳术，如外家拳中的螳螂拳 (图3-33) 就是察螳螂捕蝉之动静，取其神态，赋其阴阳、刚柔、虚实，施以上下、左右、前后、进退之法，演"古传十八家"手法于一体而创；内家拳中的形意拳则拟12种动物的形态，重点突出

图3-33 外国武术爱好
者学习螳螂拳

　螳螂拳起源于我国山
东的著名传统武术流派，象
形拳的一种。其风格是：快
速勇猛、斩钉截铁、勇往直
前；其特点是：正迎侧击、
虚实相互、长短兼备、刚柔
相济、手脚并用，使人难以
捉摸，防不胜防；用连环紧
扣的手法直逼对方，使敌无
喘息机会。

动物的进攻技巧。第三，基于中国文化中"恭谦忍让"的传统，两者在御
敌上都是以防为主，通过身体的锻炼达到让对手不战而栗的目的，尽量避
免因出手而带来的对他人和自己的伤害。

　　鉴于内、外家的思想体系和搏击技巧的迥然不同，武术界一直存在着
关于内家功夫与外家功夫孰高孰低的争论。其实，武术流派之间的高低之
争是没有结果的，也完全没有必要。内家与外家的存在是相辅相生的。内
家与外家的出现标志着明、清两代武术的技术和理论体系已经成熟，体现
出人们对武术的认识亦由感性上升到了理性的高度，达到了对事物认识的
质的飞跃。

武道神艺

中国武术

4

武与圣地

▌ 少林精神

提起少林寺，人们首先想到的可能不是"禅宗祖庭"，而是独步天下的少林功夫。的确，在许多外国人眼里，少林武术几乎已经成了中国功夫的代名词，许多国际友人不远万里来到中国就是想一睹少林功夫的风采和魅力。而少林寺之所以能成就今天的武学地位，这与它自身的历史是密不可分的。

跋陀开少林

少林寺原本是魏孝文帝为西域和尚跋陀所建，因其坐落于嵩山的腹地少室山下的茂密丛林中，故名"少林寺"。《魏书·释老志》中有一段关于跋陀与少林寺的记载："又有西域沙门名跋陀，有道业，深为高祖所敬信，诏于少室山阴，立少林寺而居之，公给衣供。"而唐释道宣的《续高僧传》中关于跋陀的记载则更加丰富。跋陀又名佛陀跋陀罗，在天竺时交了六个朋友，同修定业，其他五人都成功了，只有他没有收获。在迷茫之际，一位朋友告诉他说，有些事是要靠缘分的，机缘到了，自然成功。你的机缘应在震旦（中国），到那里度两个弟子，一定会有所收获。于是跋

97

陀来到北魏都城平城（今山西大同）。此时北魏孝文帝刚刚亲政，对这位
天竺和尚特别崇敬，并为他设立"禅林"。之后，孝文帝迁都洛阳，将跋
陀也带了过去。到达洛阳后，跋陀不愿住在城内，喜欢去深山幽谷，并且
多次到了嵩山，于是孝文帝在嵩山为跋陀建立了少林寺 _(图4-1)。

　　由于跋陀受到皇室的推崇，少林寺建寺以后即声名远扬，前来求教者
络绎不绝。跋陀一面讲经授法，一面翻译辑录从天竺传来的佛经，少林寺
逐渐成为了北方的佛门圣地。跋陀所传的禅法叫"三藏心禅"。"三藏"
包括经、律、论。经，是指佛教的原始典籍，如《金刚经》_(图4-2)《涅槃
经》等，都是印度原始经典的翻译。律，是指佛教的戒律。戒与律其实是
有区别的，戒主要是指需要自己去遵守的规定，包括规定和处罚方式；律
是为规范佛教僧人的行为而作出的规定。后来戒和律统称为"戒律"。

　　图4-1　嵩山少林寺

论，是指经典的阐释，即中国僧人对佛教经典作的解释。跋陀不仅要求修禅者诵读佛教的"三藏"，还要求其潜心参禅打坐。跋陀这种禅法属于传统印度禅法，在当时是非常流行的。跋陀晚年不再参加寺里的活动，而是自己寻了一个隐秘的地方参禅打坐，直至圆寂。所以，至今在少林寺找不到跋陀的墓地或塔。（图4-3）

在传经诵法的过程中，跋陀收了两个弟子，一位是僧稠，一位是慧光。在那时收弟子必须要看"慧根"。僧稠从小饱读诗书典籍，曾被征为太学博士，后来出家学律，最后来到少林寺跟随跋陀学习禅法。待跋陀圆寂后，僧稠开始弘法讲经，学者达百余人，皇室也对其倍加恩宠，晚年于少林寺坐化。慧光后来也成为佛学巨匠，对中国佛学的发展作出了重大贡献，并开启了中国律宗，后世尊其为"律宗五祖"。关于慧光，至今少林寺还保留着关于他的传说：据说慧光年幼时在洛阳街头踢毽子，一连500

少林寺塔林是少林寺历代和尚的坟墓，佛教界有名望、有地位的和尚死后，他们的骨灰或尸骨被放入地宫，上面造塔，以示功德。塔的高低、大小和层数的多少，主要根据和尚们生前对佛学造诣的深浅、威望高低、功德大小来决定。

下，众人甚是惊奇，纷纷围观。此时恰逢跋陀路过，于是上前围观，发现他有超人的天赋，遂收其为徒。

在少林寺创立初期，跋陀为了能更好地弘扬佛法并扩大少林寺在佛教界的地位而选择了颇有"慧根"的弟子，一方面，可以将其禅法传授给弟子并通过弟子发扬光大；另一方面可以借弟子的贡献为少林寺在佛教界奠定崇高的地位。跋陀及其两大弟子慧光和僧稠都是少林寺乃至中国佛教历史上赫赫有名的僧人，他们共同为少林寺今后的壮大发展奠定了基础，只是那时的少林武术还未形成气候。

十三棍僧

此后，在弘扬佛法禅宗的同时，特殊的生存环境促使少林武术日益发展，渐渐形成了以少林棍为代表的少林武术体系。少林武术第一次真正为世人所了解是在隋末农民战争中，而在这次历史事件中扮演重要角色的正是少林棍僧。

隋朝末年，统治者残暴腐朽，穷兵黩武，导致全国各地烽烟四起，原隋朝太原留守李渊举兵伐隋。与此同时，全国各地出现大量地方军阀，他们拥兵自重，互相讨伐，百姓流离失所，困苦不堪。在这些军阀中，对李渊威胁最大的是盘踞洛阳的王世充和山东的窦建德。为了消灭军阀统一全国，李渊派李世民率军东进，剿灭洛阳王世充。

621年，即大唐武德四年，李世民率军包围洛阳城，但王世充守卫极为严密，唐军久攻不下，而且王世充已往山东窦建德处乞援，窦建德即刻就要派出十万精兵前来解围。在这危急时刻，以少林武僧昙宗为首的少林13位僧人，联系辕州城的官兵做内应，突然袭击驻守柏谷坞的王仁则，活捉王仁则并大获全胜。（图4-4）此战役对李唐政权至关重要。王仁则是王世充的侄子，其驻守的柏谷坞一直是通往洛阳的要地，也是王世充的屯粮之地。少林十三棍僧夺取柏谷坞后归顺大唐，于是李世民没有了后顾之忧，开始全力对付窦建德的援军，窦建德兵败被捉。而此时身在洛阳城内的王世充也失去了援军，又没有粮草，只得投降，唐军取得了完胜。

事后李世民给嵩山少林寺写了封信，称赞少林寺是"证果修真之道"，并且将先前被王仁则侵占的少林寺土地还给少林寺，同时又"赐地四十顷，赐水碾一具"。至今在少林寺鼓楼遗址前还能

图4-4 少林寺壁画中所绘的"十三棍僧救唐王"的故事

见到记载当年唐王李世民嘉勉少林寺功绩的"太宗文皇帝御制碑"（图4-5）。得益于统治者的赞扬和重视，少林寺社会地位得到极大提高，为少林寺对外弘扬佛法也起到了积极作用。此后100多年里，随着唐朝的兴盛，少林寺也进入蓬勃发展壮大时期。"十三棍僧救唐王"的义举不仅为少林寺带来"匡扶正义、救国救民"的盛赞，而且还使少林武术第一次为世人所认知，少林棍法也从此名扬天下。

抗倭传美名

由于在讨伐王世充的战争中少林寺立下了汗马功劳，所以唐朝建立后少林寺出现了一个发展的黄金时期。但是，随着唐朝的没落，少林武术的发展也受到限制。宋朝开国皇帝赵匡胤依靠武力夺取天下后，开始"崇文抑武"，严格

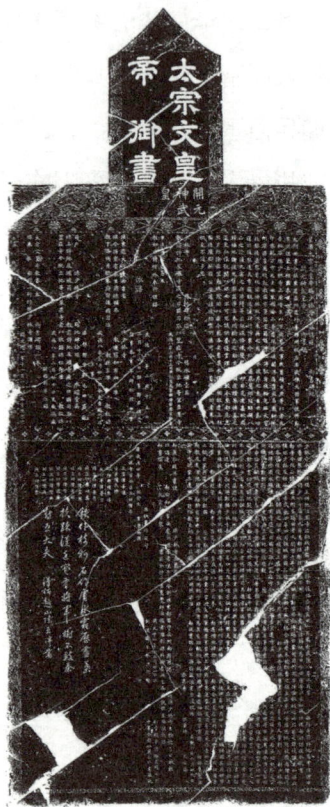

图4-5　太宗文皇帝御制碑拓本

限制民间武术的发展。少林寺僧也因此不敢公开习武，而是趁着深夜或躲在荒郊野外秘密习练。另外，理学产生后，提出"存天理，灭人欲"，要求人们压制自己的个性，这又从思想上禁锁了人们的习武热情。

元朝建立后，为了防止汉人的反抗，统治者对汉人习武极为限制，少林武术也被禁止。但万幸的是，宋元时期统治者压制下的少林武术并未中断，而是在秘密地发展和延续着，反倒是统治者对军事武术的压制还促进了少林健身术的发展。这些健身术为日后少林武术的完善起到了很

大作用。（图4-6）

　　少林武术真正彰显出其魅力的时期是在明朝中后期，这也是中国武术大发展的时期。从历史上讲，明代是我国文化的大集成时期，诞生了中国古典三大名著，同时也出现了中国古代最大的一部类书《永乐大典》。另外，由于对外交流频繁，各种文化思潮相互交织，天文、地志、阴阳、医卜、僧道、技艺等相互杂糅，互相促进。武术也在此集历代之大成，形成了以佛、道为主流的两大武术流派。而且，这时的武术已经理论化、系统化、套路化，成为了理论与实践相结合的真正意义上的武术。

图4-6　练功的少林僧人

少林武术之所以能在武术史上声名赫赫，主要有以下几个原因：

一是少林武术内容丰富、套路繁多。明朝末期，少林武术按其性质已经分为内功、外功、硬功、轻功、气功等。内功以练"精""气"为主；外功、硬功（图4-7）多指锻炼身体某一局部的猛力及抗击打能力；轻功专练纵跳和超距；气功包括练气和养气。按技法特征又分为拳术、棍术、枪术、刀术、剑术、技击、器械和器械对练等百余种。

二是得益于少林武术著作的出现。明末武术大家程宗猷到少林寺学习武术十余年，编著了第一部少林武术专著《少林棍法阐宗》（图4-8）。这部书系统地总结了少林棍法，包括小夜叉、大夜叉、阴手、排棍和穿梭。此外，少林寺武僧洪转也著有《梦绿堂枪法》，全面地介绍了少林枪法。少林武术专著的出现标志着少林武术已经理论化、套路化、系统化、门派化，并以少林独有的风格傲立于世。

三是关于少林武术的史志资料颇多。明朝以前，关于少林武术及武僧的史料记载极少，但从明朝中期以后就开始逐渐多了起来，其中有不少关

图4-7 少林硬功

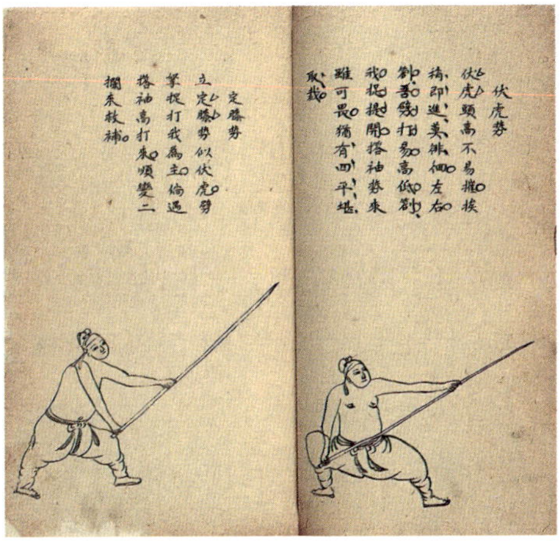

图4-8 《少林棍法阐宗》内页

于少林僧兵参与征战的记载。《明史·兵志》记载："河南嵩县曰毛葫芦，习短兵，长于走山。而嵩及卢氏、灵宝、永宁并多矿兵，曰角脑，又曰打手。山东有长竿手，徐州有箭手……又僧兵，有少林、伏牛、五台。倭乱，少林僧应募者四十余人，战亦多胜。"僧兵参与抗倭是明朝的一大特色，在明朝的兵勇制度中，除了正规军之外，还有民兵和僧兵。明朝的这种兵勇制度极大地促进了民间武术的发展，也使少林武术走出寺院，参与"保境安民"。清初思想家顾炎武在《日知录》中也有关于僧兵的记载："嘉靖中，少林僧月空受都督万表檄，御倭于松江。其徒三十余人，自为部伍，持铁棒击杀倭甚众，皆战死，嗟乎！"感念少林僧人的种种卫国保家的情怀，顾炎武还曾作《少林寺》一诗赞曰："颇闻经律余，多亦谙武艺。疆场有艰虞，遣之捍王事。"

少林武僧受到朝廷的征调参与平叛和抗倭的事件在少林寺碑刻中多有记载。时至今日，少林寺西来堂（又名锤谱堂）的走廊里依然还塑有14组有关少林武僧的活动内容，其中的第十二组和第十三组塑像，分别表现了小山和尚与月空和尚带领少林棍僧出征抗倭的情景。

少林武僧的抗倭行动不仅为少林武术的弘扬起到了很好的宣传作用，而且也为少林寺赢得了赞誉，提高了少林寺的社会地位。而少林武僧参与战事也可以检验少林武术，促进少林武术和其他武术的交流，对中华武术的繁荣和发展起了推动作用。

少林弟子正精神

民国年间，社会动荡，军阀混战，一场人为的大火将少林寺大雄宝殿、藏经楼等重要建筑及典藏烧毁，损失惨重。1949年以后，少林寺受到政府的高度重视。少林寺被毁坏的建筑和雕像得到了修复，专家、学者以及宗教界人士也对少林典籍和重要佛经进行了挖掘整理，这些举措很好地保护了少林文化遗产，对重振少林雄风、弘扬少林文化起到了积极的推动作用。在此基础上，我国还多次举办了"国际少林武术节"（图4-9），吸引了众多海内外组织和人士，扩大了少林的国际影响力。目前，海外的孔子学院大都开设了少林武术课程，前来学习的外国人络绎不绝。

今天的少林寺俨然成了一座承载了国际文化交流重任的大寺院，少林

图4-9　国际少林武术节开幕式

自1991年以来，中国郑州国际少林武术节遵循"以武会友，共同进步"的宗旨已走过了20多年辉煌的历程。少林武术节活动内容丰富多彩，主要包括武术竞赛、国际武术段位考试、中华武术培训与提高交流活动等。

武术也成了沟通中外文化的一个纽带。很多人都感叹为何少林寺和少林武术历经千年劫难却长盛不衰，甚至还有风靡全球的趋势。少林寺之所以能传承至今，这其中除了其特殊的历史背景之外，最大的原因还是千年来少林弟子一以贯之的少林精神。正如少林禅院德政禅师所提出的《门风堂规》所写的那样："南拳北腿少林棍，保家卫国强自身；崇文尚武少林人，爱国护教少林魂。不争和合少林心，止恶扬善少林根；以德服人消贪嗔，后发制人少林门。尊长爱幼孝双亲，守法持戒做良民；禅武为媒弘佛法，少林弟子正精神。"少林精神里的爱国爱寺、止恶扬善、以德服人、后发制人等宗旨也是我们中华民族历来所追求的。正因为站在少林寺背后的是一个善良、宽容、充满魅力的民族，因此少林武术才能持续发展，不断壮大。（图4-10）而今，借着文化大发展大繁荣的国家政策，少林寺这个集禅文化、武文化为一体的千年古刹必将走得更长、更远。

图4-10　少林武术

▌ 武当神韵

在中国武术史上，流传着"北崇少林，南尊武当"之说，少林与武当一北一南，可谓是双峰对峙，齐驱并进，各有千秋。

道教名山

武当山位于我国湖北省丹江口市的西南部，方圆800余里，其主峰（天柱峰）海拔1612米，有"亘古无双胜境，天下第一仙山"之美誉，被世人尊称为"仙山""道山"。（图4-11）这里东达齐豫，南通巴蜀，北抵三秦，舟车可至，实为八方之咽喉。由于自然地理环境优越，风调雨顺，在春秋及战国早期便人口兴旺，生产力水平相对较高，同时有巴、蜀、苗等多个少数民族和庸等诸侯国在此生活。由于相互之间存在着争夺生活资源等不可调和的各种冲突，军事战争成为解决矛盾的最终手段，而武当等地区便成为楚国抵挡巴、庸、麋等国的前线。到了战国中后期，这一地区成为楚、秦、韩三国交界处，是秦、韩尤其是秦国进攻楚国最为便捷的水上通道。于是楚国在这一地区派驻重兵，抵挡秦国的入侵。武当者，武力阻挡也（当，通挡），以事名山，故命名武当山。

图4-11　仙境武当

　　武当地名源于先秦，千百年来，武当山作为道教福地、神仙居所而名扬天下。历朝历代慕名朝山进香、隐居修道者不计其数。武当山武术以"内家功夫"著称，是中国武术中与少林齐名的重要流派，誉为"北崇少林、南尊武当"。传说有道士曾练成在万丈悬崖上步履如飞的功夫，其卓绝处令人景仰。

信奉道教的人们认为，在高耸、灵秀的武当山上修建寺庙，可以接近上苍，更容易使人达到清静无为的境界，于是武当山也成为道教圣地。因此，对于武当山名字的由来《太和山志》另有一说，即"武当"源于"非真武不足当之"，意谓武当乃中国道教敬奉的"玄天真武大帝"（亦称真武帝）的发迹圣地。历代皇帝都把武当山道场作为皇室家庙来修建，特别是在明永乐和清嘉庆年间，至今民间仍保留有"北建故宫，南建武当"之说。如今，武当山古建筑群已是规模宏大、气势雄伟、蔚为壮观。除古建筑外，武当山尚存珍贵文物7400多件，尤以道教文物著称于世，故被誉为"道教文物宝库"。（图4-12）

祖师张三丰

与少林武术一样，武当功夫的体系非常庞大，内容极其丰富，拥有众多拳种和门派，这其中尤以武当拳法闻名。在汉魏以前，武当山上就有很多闭关修炼的气功高手，他们常年在深山中修隐，以求得长生不老。但武当系真正形成的时间大约在明末清初，跟少林系近乎同时。

传说武当派的创始人张三丰道士（图4-13）本是一名朝廷官员，因不满官场腐败而弃官从武，然后云游天下，最终来到了武当山出家修

图4-12　武当山文物《高上玉皇本行集经》

《高上玉皇本行集经》又称《皇经》，是道教经典中最主要的一部分。全书共分三卷，作者及成书年代不详，正文内容叙述玉皇的来历和正告读经的善男信女们要重视这一部经典。

图4-13 张三丰像

张三丰，名全一，一名君宝，又号玄玄子，元末明初著名道人，相传为武当功之创立者。

道。相传张三丰身材魁梧、大耳圆目、须髯如戟，食量惊人，可禁食数月，曾经死而复活，早年精通少林拳法，自来到武当山后，受自然启发，在原有的武术底子上经过修改调整，创造了现如今享誉武林的武当拳。（图4-14）

对于张三丰所处的朝代，主要有两种说法。一种说法是北宋，《宁波府志》中记载："张松溪，鄞人，善搏，师孙十三老。其法自言起于宋之张三峰。三峰为武当丹士。徽宗召之，道梗不前。夜梦玄帝授之拳法。厥明以单丁杀贼百余；遂以绝技名于世。"一种说法是为元明之际，在明清时期的正史、野史、方志、文物、传说中的证据

图4-14 武当山榔梅祠里的《太极拳图谱》

较多，并出现了记载张三丰事迹的《张三丰全书》（图4-15），明朝永乐皇帝还专为张三丰修建了遇真宫，大殿内供奉有张三丰铜铸镏金的高大塑像。因史料记载较多、实物证据确凿性较强，后人对后一种说法也比较赞同。

近些年武术史学界研究表明，历史上的张三丰与内家武术没有直接关系。那么为什么后世太极拳家要将不会武功的张三丰供奉为鼻祖呢？这的确是一个十分有意思的问题。除了中国人喜假托古人以自重外，还有一个更为重要的因素是在明清时期道家文化已经渗透于中国文化的各个层面，而武术的发展从理论到实践的方方面面都深受道家文化的影响。帝王的慕求与褒封和道门的神化，使得张三丰成为一个精神的偶像。鉴于这一事实，人们将张三丰奉为武当师祖也在情理之中。

图4-15 《张三丰全书》

张三丰著述丰富，留下的《大道论》《玄机直讲》《玄要篇》《无根树》，被后代收集成《张三丰先生全集》，现宝鸡金台观有明万历年所立"赠张三丰书制碑"，提到张三丰撰有《金丹玄要》三篇。

武当派的形成

武当本是道教活动场所，何以又成为中国功夫发祥之地呢？其根源还是在道与武的相通和共性。道教道术大致分为五类：山、医、命、相、卜，包括服食仙药、外丹等，练气与导引，内丹修炼等修道方法（图4-16）。其中"山"就是利用打坐、修炼、食疗等各种方法以培养完满人格的一种学问。明朝是武当道教的鼎盛时期，各地修真之士纷至沓来，最多达到两万多人。如此庞大的修道人群为武当拳的快速发展提供了可能。在这一庞大的群体中有各色人物，其中包括一些武艺在身的入道信徒。他们在道家养生术与武功修炼的双重浸润中，逐渐将两者结合，从而产生了非同寻常的武当功夫。

武当功夫一旦产生就迅速传播开来。一方面，以往的道术修炼玄秘深邃，义理难懂，而以武功练习为法门则直截了当，开了修行方便之门；另一方面，道士们经常在山野修道，四处云游，在途中经常遇见劫匪和猛兽的袭击，为保全生命，他们借助武术强身健体，关键时刻则可以用来防身自卫、化险为夷。远离喧嚣的地理环境和强健体魄、防身自卫的习武目的决定了武当拳含蓄、内敛的特点。所以在日常生活中，武当弟子从不主动攻击别人，而是讲究后发制人，尽量避免残忍的厮杀，极力以智慧和技巧化解刀兵之间的矛盾冲突。注重防守的"铁布衫"（图4-17）便是发源于此，这使武当拳以绵延缓慢，注重意、气、力的有序配合的特点更加昭然。透过武当拳的技击特点可见武当拳是一种有"涵养"的拳种，饱含着兵不血刃、止戈为武、不战而屈人之兵的"态度"。

由于武当派极密其技，择徒甚严，拳技涉

图4-16 《道家炼石图》
（清，任颐绘）

图4-17　铁布衫

　　铁布衫是中国功夫中的护体硬气功，传说练成铁布衫的人不但可以承受拳打脚踢而丝毫无损，甚至普通的刀剑也伤不了他们，更甚者可达到罡气护体的程度，从而获得入水不溺、入火不焚、闭气不绝、不食不饥等常人难以想象的效果。

及较广，包括气功、人体脉络等方面，再加上内敛、含蓄、不爱炫耀等人文特点，所以武当拳一直在武当山上习练，没有得到广泛外传。直到明末清初，武当拳才流传开来，特别是在浙江宁波一带，出现了张松溪、叶近泉、单思南、王征南等武当高手。据考证，张松溪晚年将武当派传到四川，现如今在四川流传的"松溪内家拳""武当内家拳""子母内家拳"均属武当派的支系。晚清光绪年间，武当山道士的后人邓钟山又在江苏江宁传道收徒，武当拳又传至江苏等地。（图4-18）得到武当拳真传的地域不多，四川、江苏为主要地域，可喜的是武当拳在此地域开展广泛，一直没有失传。在明末清初小范围流传开来之后，便形成了一大

图4-18　武当弟子在武当山紫霄宫前的空地练武

批有类似特点的支派，主要有：松溪派、淮河派、神剑派、轶松派、龙门派、功家南派、玄武派、北派太极门等。这些支系扩充了武当派的体系内容，总体上没有离开注重精、气、神的修炼，仍旧重点强调舒缓、沉稳、圆融、借力打力、四两拨千斤的技击特点。

据粗略统计，目前流传的武当派的拳种不下60种，其中包括：太乙五行拳、纯阳拳、太和拳、长拳等；武当的器械套路也有几十种，如流乘枪、玄武棍、武当剑、雁尾单刀等；武当派中还包括著名的"武当三十六功"，如玄武功、绵掌功、浑元功、太极球功等。现如今武当功夫已经形成了一个庞大的体系，并且随着时间的推移仍然在不断发展。

115

武当功夫显神韵

武当功夫以道家为主线，摄养生之精髓，集技击之大成，崇尚自然，视"无思而为，随心所欲"为最高境界。与偏重技击的佛门拳派少林拳有所不同，武当拳法以柔绵见长，处处体现出圆、圈、旋的有机结合和运化，柔中带刚、刚柔并济，其重点在于顺其自然、因势利导，无不体现着道家的含蓄之美。

从欣赏的角度看，武当功夫里透着一种仙风道骨（图4-19）。道家崇尚自然，武当功夫当中也有不少以动物及其活动方式来命名的动作。表面上看这是武术中的仿生，其实质上体现的还是道家从宇宙自然中探寻事物普遍规律的基本思想。所谓仿生，无非是大自然中的各种生物为了生存而逐渐形成的与周围环境相适应的动作行为，被细心的习武之人发现后，学习利用并加以转化，融入到武术当中。相传，张三丰有一次在武当山偶然看见蛇鹊相斗，对其圆旋之法有所悟而创造出了"七十二式长拳"。武当功夫很多都是源于对自然的观察，最后又将其融归自然。与其他派别比起来，武当功夫既养精气又养神意，既能强身健体，又能使人享受到自然之美，一招一式之间别有一番神韵。

武功与道法的融合使武当道术修炼增加了新的内容，武当功夫也因其独特的技法和神韵而广播于天下。也正因此，武当与少林一道，将名山、名教、名功夫三者合一而名扬四海。

（右）图4-19 武当紫霄宫晨练

武道神艺

中国武术

5

武在民间

▌民俗之艺

民俗起源于人类社会群体生活的需要，在特定的民族、时代和地域中形成、扩大和演变，是人们共同遵循的各种生活和信仰的习惯与规范。如劳动时有生产劳动的民俗，日常生活中有日常生活的民俗，传统节日中有传统节日的民俗。人生成长的各个阶段也需要民俗，如结婚，人们需要有结婚典礼或仪式来求得社会认同。民俗就是这样一种来自于人民，传承于人民，又深藏在人民的行为、语言和心理中的基本力量。我们置身其间却不为其所累，甘愿接受这种模式的规范和保护。中国传统武术生存的空间正是民间，因而武术与民俗间自然有着广泛而深厚的联系，有些学者甚至将习武也看作民俗的一部分。

中华武术历经朝代更迭，从蛮荒部落联盟的原始格斗，到商周时期的田猎和武舞、春秋战国时期的角力手搏（图5-1）和游侠武术、秦汉三国的竞技武术、两晋南北朝的养生武术、唐朝开始的武举制、宋元时期的市井武术以及明清时期出现的内家拳……武术与民俗文化有着非常密切的联系。

中国古代"重文轻武"的社会大环境也促进了武术与民俗的融合。历

图5-1 战国角抵图青铜牌饰

　　1956年在陕西省长安客省庄K140号战国墓中出土。角力手搏即摔跤，先秦时期称之为"角力"，秦汉时期称之为"角抵"。此块透雕有角力图像的铜牌饰，描绘出上身赤裸、下着长裤的两人在茂密的林木中扭在一起进行角力比赛，其身后的树上系有鞍辔齐备的骏马。

代皇权严禁民间习武，而民间习武也多处于半地下状态，这也导致了民间武术以各种民俗形式、文艺娱乐方式间接表达出来，从而成为中华民俗文化的有机组成部分。

节日的庆典

　　世界各个民族都有自己不同的节日及其活动形式，时代因袭成为节日民俗。部分中国节日的形成源于对信仰的需求，如在中国人极其重视的春节中，最重要的一项民俗内容就是祭祀天地、诸神、祖宗。

　　祭祀是向神灵求福消灾的传统仪式，自古就有，中国传统文化中的儒家文化更是重视祭祀。《礼记·祭统》有云："凡治人之道，莫急于礼；礼有五经，莫重于祭。"祭祀对象分为天神、地祇、人鬼三类。原始人类由于对自然现象的不理解和恐惧，常常将武舞作为宗教祭祀活动中的重要部分，以表现战斗的舞蹈（图5-2）来献给部落的祖先神灵。如此，作为武术雏形的武舞和民俗便产生了交集。

　　古代节日里通常举行各种表演和比赛，以庆祝节日或敬献神灵或祭奠历史人物，一来增加节日气氛；二来以娱观者耳目。每逢节日或庙会，人们在入庙拜神求福之后，便齐聚在庙前或街头观看各种技艺表演，其中包括杂技、戏曲、舞龙、舞狮、耍把式等。用于表演的杂技、戏曲和舞龙、

图5-2　战国铜壶纹饰中表现的战舞场景

舞狮中往往包含着很多武术的
成分。许多武术兵器同时也是
杂技表演的道具，很多杂技
艺人也是武术家，如杂技中
的"弹弓射准"表演来源于
狩猎和战争中的武术，"飞
叉"（图5-3）"舞关刀""大武
术""小武术"等节目则直接
来源于武术。而戏曲中的武打

图5-3　飞叉

　　飞叉是北京杂耍武档中的一种。叉上有铁环，
耍起来哗啦啦响，光闪闪上下飞动，叉还能在脖子
上不用手扶，自动绕来绕去，十分惊险。

121

艺术，也是靠武术的滋养而形成的。戏曲从武术中吸收而用的翻、滚、跌、扑等功架姿势，以及拳术和器械套路等巧妙生动的技术动作，丰富了表演者的表现力和感染力。（图5-4）

　　源于三国又在南北朝开始流行起来的舞龙、舞狮更是强调武术。表演中所设置的蛇阵、八卦阵、梅花桩等没有扎实的武术功底根本无法完成。在今天的中国，许多地方过春节仍旧保留着"狮把门"的习俗。春节里大年初二、初三，民间组织的舞狮队开始走街串巷，每到一户商家门口便在引狮员的指挥下表演狮子叩首、狮子摆尾、狮子跳跃、狮子舔足、狮子打滚等各种动作，引狮员也由会武功的少年担当，舞狮中间往往夹杂着各式套路表演。（图5-5）狮子在中国被视为瑞兽，这种民俗活动据说能给家庭带来一年的吉祥与安康，能给企业带来顺利与财富。

（左）图5-4　京剧里的武生对打

图5-5　年画中描绘的舞狮

　　武生，即京剧中擅长武艺的角色，分成两大类，一种叫长靠武生，一种叫短打武生。长靠武生一般都用长柄武器，不但要求武功好，还要有大将的风度；短打武生穿短衣裤，用短兵器，要求身手矫健敏捷，看起来干净利索，打起来漂亮，不拖泥带水。

123

武术与婚丧

自古以来各个国家、各个民族都非常重视婚姻，形成了各有特色的惯例，也就是所谓的婚姻习俗。早在春秋战国时期，我国就已经形成了一套正式的婚姻礼仪，这就是影响后世两三千年的"六礼"，即"纳采""问名""纳吉""纳征""请期""亲迎"。

婚礼在秦汉时"礼"的意味要大于"喜"，完全是以礼行事，入庙拜祖、领父母之命等等。但是随着历史的推进，婚礼变得越发喜庆和热闹，在"六礼"或简化后的"四礼"完毕后，有钱人家会请人在门前、家中舞龙、舞狮，或是在酒席上让戏班子、杂技团表演助兴。(图5-6) 此时，如果

图5-6 舞龙

舞龙是维系中华民族传统文化不可缺少的乐章，舞龙时气势雄伟的场面，极大地刺激了人们的情绪，振奋和鼓舞了人心，也体现了中国人民战天斗地、无往不胜的豪迈气概。

能看到武术高人露两手，宾朋们便会觉得十分庆幸，举办婚礼的人家也会觉得很有面子。

比武招亲则是设擂者直接与前来打擂中武功最好者缔结婚约的招亲方式。比武招亲在武侠小说中颇为深入人心，在中国古代也确有其事。李渊与夫人窦氏就是一例。窦氏是京兆平陵人，父亲窦毅是北周的八大元帅之一，母亲是北周武帝的姐姐襄阳长公主。隋文帝杨坚篡夺北周皇位后，窦氏正好到了谈婚论嫁的年纪。其父为了招揽人才就举办了一场比武招亲的活动，让人在大门上画了两只孔雀，有意招亲的必须在百步外射两箭，凡是两箭能各射中一只孔雀眼睛的，就招为女婿。李渊虽文采平平，但箭法却很高超。几十人来应试，只有李渊两箭都射中。李渊通过比武招亲迎娶了窦氏，也由此开始接触当时的政治核心。

丧葬是与死亡相关的人生礼仪。中国人历来认为生死事大，早早就形成了一套极为烦琐的丧葬习俗，从"停尸"到"出殡"有很多环节。先秦时期，人们认为灵魂不死，所以在出殡的路上持剑起舞，为灵魂升天开路。在东汉中期道教开始兴起，社会上出现了一大批"以阴阳五行为家，而多巫觋杂语"的道士，他们积极参与民间祭祀活动，宣扬通过咒、符、舞剑等手段加强对往来自由的鬼神进行管理。

到了明朝，社会物资日益丰富，人们对于金钱和享乐表现出前所未有的狂热，每遇丧葬，丧主总是竭尽全力大摆筵席、酒肉酬宾、设台演戏。清代《古今图书集成》中的《方舆汇编·职方典》有这样一段描述："丧则棺椁衣食，哭踊讣告吊奠，咸尊家礼。若夫客至张筵，伎乐杂，延僧供奉，讽经破狱，以及引发之日，冥器刍灵，充塞道路，务以华观为悦。"这时的丧葬中，除了道士武舞的出现，戏曲、杂技等也已经出现。

如今，在传统习俗还保留得比较多的一些农村地区，仍然讲究丧葬仪式的隆重。只要年过70过世的都按"喜丧"来办，家庭条件较好的一般都

125

会大摆宴席三、五、七天，席间请来吹鼓的、唱戏的、耍杂技的，一来感谢在丧礼中帮忙的亲朋，二来告慰亡灵。

武术与民事

"打擂台"指两人在台上徒手较量武艺，是中国古代比武之习俗。隋唐五代时，比武几乎形成制度，大体规则是不分体重级别，没有护具，多赤身穿短裤，活动多在方形的台子上进行，犯规处罚不严格，获胜者给予重赏。

到了明代，正规的比武即被称为"打擂台"。赛前先设擂主，再安排高手挑战，凡欲较量高下者，临场报名并立下生死文书，方可上台献艺。还有一种形式为主办方设台，比武者按照报名程序上台比试，取胜者留在台上，以决出武艺最高者，称为"擂台赛"。比赛前广告周知，擂台两侧多悬挂"拳打南山猛虎；脚踢北海蛟龙"一类的楹联。赛时台下观众人山人海，熙熙攘攘，助威喝彩声不断，气氛十分热烈。（图5-7）这种武术比赛不仅紧张激烈，而且具有观赏性。明清时期是武术的大发展时期，"打擂"比武在民间颇为流行，诸如春节、庙会或其他节日集会，各门派不同拳种的练武"社""馆"大都会设擂比武，发展技艺。

武术的传授过程或多或少形成了类似于组织的结构，因而武术与民间组织产生广泛的联系。

　图5-7　《水浒传》插画"燕青打擂"

图5-8 汉画像石中出现的射箭情景

射箭的渊源可追溯到大约公元前五万年。中国的射箭历史悠久，早在旧石器时代晚期就发明了弓箭，弓箭一直是人们狩猎和军队打仗的重要武器。

民间组织又称"结社"，是人们围绕共同宗旨和目标结成的团体。我国秦汉时期就已经出现最早的武艺射术并成立射社。（图5-8）唐代有关武术的活动较为活跃，而且唐太宗十分重视在统治阶级中加强军事教育，曾择善射者百人亲自教习。为鼓励更多人习武，公元702年武则天创设了武举制度。这两个事件对当时的武术发展起了很大的推动作用，在民间逐渐形成一种尚武风气。宋朝全国各地先后出现"弓箭社""锦标社""英略社"等习练武功的组织。（图5-9）

由于武术极易结社聚人，而中国有些朝代又明令禁武，因此，以武术为内容的结社活动多处于地下状态。这种组织往往又与流传于民间的秘密宗教和会党相结合，成分显得更为复杂，如明朝的白莲教、八卦教、天理教等等被称为秘密结社，还有各色会党，如青帮、洪帮、哥老会、小刀会、天地会等等。各种秘密结社以底层民众为基础，通过会党结盟、秘密传教、拳会习武等方式广泛开展武术活动。清兵入关后，出现了很多宗教组织且教众日增。散传各地的民间宗教，多以劫变为教义，以反清复明和反抗外来侵略为宗旨。其中著名的民间宗教组织主要有白莲教、大刀会等，这些宗教组织主要吸收习拳尚武者入教，而且教门的一些教首本来就是民间的拳师，如白莲教的唐赛儿就是自幼习武，武艺超群。他们常以教拳为掩护，联系群众，发展教徒；以练拳为名，在教内设置武场，形成武

图5-9　颐和园长廊彩画《吕布辕门射戟》

　　"辕门射戟"这一历史典故最早出自《三国志·吕布传》，后来《三国演义》的作者罗贯中将这个典故改编为脍炙人口的"吕奉先射戟辕门"，讲的是三国名将吕布以他精湛的箭法平息了一场战争的故事。

装力量，这无疑推动了武术的普及与发展。

　　总之，武术与民俗的融合是武术在民间存在的重要方式，由此武术也拥有庞大的民众基础，或许每一位中国人都在自己的内心世界中或多或少地拥有一份武术情结。武术借助民俗的平台而成为各类社会活动的重要内容，而这些活动本身在提高了武术技艺的同时，也拓宽了武术在民间的生存空间。

❘ 以武任侠

武侠顾名思义就是依武行侠，不会武功不能成为武侠，只会武功不行侠仗义也不能成为武侠。那么什么是侠呢？《说文解字》对侠的解释是："俜，侠也。三辅谓轻财者为俜。"古代"夹""挟""侠"三字原本相通，指有能力"挟持"他人的意思。唐初颜师古所谓"侠之言挟，以权力侠辅人也"。结合这两层意思，"侠"可以理解为拥有能力，并轻财以助人。行侠一般被称为"任侠"，《墨子·经上》有载："任，士损己而益所为也。"

武侠的产生

在中国，武侠的起源可以追溯到先秦时期。那个时代尚武之风甚烈，并在社会上催生了大量的自由武士和剑客。他们游走江湖、参与国事，各为其主而效命疆场。由于武士大多来源于下层平民社会，因而不断汲取着平民社会和底层人民的伦理道德观念，这样的武士组成的群体，就形成了处于萌芽状态的"武侠"阶层。侠在从"国士"到"游士"的转变中，自身的地位在发生变化，由君臣间不平等的公共义务关系转变为"交游"方

图5-10　夷门访贤（清，吴历绘）

　　信陵君爱重人才，家有门客三千。他听说大
梁夷门的守门小吏侯嬴是位贤者，便亲自驾车到
夷门去接侯嬴。回府途中，侯嬴下车与屠者朱亥
交谈，故意让信陵君长时间等待。图为侯嬴与朱
亥在交谈，信陵君执马辔立于当街，耐心等待，
丝毫不显倦怠。

式的双方个人自由选择的关系。新型武侠追求一种具有超越时空的永恒的精神价值，为知遇之恩，虽殒身而不惜。

到了战国时期，社会动荡更加频繁，春秋时期形成的众多诸侯国在战国的硝烟下逐渐减少，最终形成了七雄并争天下的局面。为了在"七雄争霸"或者政治斗争中取得优势，各诸侯国的诸侯、王公、士大夫等上层势力集团开始出现"养士"之风。"养士"即招纳人才于自己门下，为自己出谋划策或为自己办事。根据史料记载，战国养士可分为三类：一类是文人谋士，一类是勇而轻命的武士，还有一类为"鸡鸣狗盗"之士。在战国时期，以养士著称的当数战国四公子，即齐国的孟尝君、赵国的平原君、楚国的春申君和魏国的信陵君（图5-10），此四人养士达数千人，可谓养士的豪门。到此，武侠作为一种独立的社会力量开始走向历史的舞台，并且在此后的社会实践中一直践行着侠义之道。

短暂的秦朝后，汉朝延续了战国养士遗风。战国养士为文武兼养，文武比例大致相等，而汉朝养士却以养武士为主。如高祖刘邦的卫士樊哙就是一位勇猛粗犷的武士。汉成帝时，将军灌夫门下"食客日数十百人"，而"所与交通，无非豪杰大猾"。

汉初养士的勃兴促使武侠势力得以迅猛扩张，这时武侠开始出现了分化：一部分武侠秉承了战国游侠的性格特征，行侠仗义，施恩不图报；另一部分武侠开始"结党连群"，并与当地的官府、大臣、地方权贵相互结交，长期聚集某地，逐渐成为了地方豪侠。对于武侠的分化，司马迁在《史记·游侠列传》中有记载。他将这两种分化的武侠分别称之为布衣之侠和乡曲之侠。对于布衣之侠，司马迁是持赞赏的态度，称其为"名不虚立，士不虚附"。而对于乡曲之侠，司马迁则持否定的态度，认为他们"侵凌孤弱，恣欲自决"，败坏了武侠的名声。

两汉之后魏晋南北朝时期，社会上武侠除了延续两汉之遗风，还出现了侠士参与争夺天下的事件。汉末，天下大乱，各地方诸侯、官

131

僚乘机割据一方。在争斗中，各方势力为了扩大自己的地盘和实力，不断网罗天下人才，尤其是具有高强武艺的将才。于是，大量民间豪侠开始"各宿其主，以争天下"。如三国时期的曹操，出身官宦之家，自幼"好侠轻财，重义气"，后来招贤纳士，组建自己的政治集团和武装力量。与曹操同时代的袁绍、袁术、孙权等在年轻时都是地方豪侠而又皆以"好侠"自居，后来皆参与天下纷争。这些民间地方豪侠通过建功而登上政治舞台，并将民间的武侠文化带入上层，从而对以儒家文化为主体的上层社会产生了一定的影响，这种影响在后来的隋唐时期更为明显。

为国为民之儒侠

隋唐时期是武侠之风鼎盛的时期，同时也是武侠阶层大变革的时期，这时期的武侠出现了新的变化，诞生了具有上层社会意识形态的儒侠。在隋唐统一中国的战争中，一大批出自民间的武侠通过沙场建功进入上层社会，随后唐朝武举制度的设立更是使得社会上的武侠文化有机会和渠道融入上层社会，并使得武侠文化中融入了儒家思想，其最直接的体现就是儒侠的诞生。唐代最为有名的儒侠当数"诗仙"李白。李白从小喜欢舞剑，且随身佩带长剑，好以游侠自居，15岁时便可"遍干诸侯"。后来李白还写了很多咏侠诗借以表达自己对侠的喜好，最著名的当数他的《侠客行》：

> 赵客缦胡缨，吴钩霜雪明。银鞍照白马，飒沓如流星。
>
> 十步杀一人，千里不留行。事了拂衣去，深藏身与名。
>
> 闲过信陵饮，脱剑膝前横。将炙啖朱亥，持觞劝侯嬴。
>
> 三杯吐然诺，五岳倒为轻。眼花耳热后，意气素霓生。
>
> 救赵挥金槌，邯郸先震惊。千秋二壮士，烜赫大梁城。
>
> 纵死侠骨香，不惭世上英。谁能书阁下，白首太玄经。

图5-11 《抗倭图》卷局部（明，仇英绘）

此图卷描绘了明嘉靖三十四年（1555）浙江沿海军民抗击倭寇侵扰的历史。现收藏于中国国家博物馆。

短短120字就把一个武功盖世、轻财重义的侠士形象勾勒出来。除了李白，当时吟诵侠士的诗人不在少数，王维的《陇头吟》中也有咏侠的佳句："长安少年游侠客，夜上戍楼看太白。"与吟诵侠士的诗相对应，唐朝还出现了与侠士有关的边塞诗。边塞诗的出现一方面反映了唐朝侠士立功边关、报效国家的现实；另一方面也是武侠精神与儒家报国思想相融合的产物。因此，当武侠重义轻生的意识被转借到边疆报国为民上，侠义精神就与国家利益联系起来并由此得到升华，这在宋以后的武侠文化中更为明显。宋朝一以贯之的"兴文教，抑武事"政策，对在魏晋隋唐上层社会兴起的尚侠之风是巨大的打击，武侠文化也由此衰落，淡出上层社会而回归民间。

宋朝上流社会对武的排斥促进了民间武术团体的出现。这些自发的以武侠精神为伦理规范和行为要求的武术团体，发展得越来越多从而形成了武林（即民间对武术界的统称）。与以往单个侠士独来独往自由行事不同，宋朝武侠重结义、尚群体，动辄以"替天行道""改朝换代"为己任。他们的行动和目标远远超出了传统武侠的行侠范围，从"为民鸣不平"到"抗击外侵"，其精神境界有了很大的升华，这在后来的明朝抗击倭寇（图5-11）和清朝义和团运动中都有所体现。中国武侠精神由单纯的个人

133

或集体恩怨上升到为国为民的民族大义上。由此，武侠形象与人格魅力也深入民心，为广大民众所喜爱和推崇；武侠精神也逐渐成为中华民族文化精神的一个重要组成部分。

武侠精神

武侠精神作为武侠文化的精髓，自古以来就被誉为武侠的灵魂。司马迁在《史记·游侠列传》中对武侠精神做过精辟论述："修行砥名，声施于天下，莫不称贤"；"虽时捍当世之文罔，然其私义廉洁退让，有足称者。名不虚立，士不虚附"；"其言必信，其行必果，已诺必诚，不爱其躯"；"趋人之急，甚己之私"；"不伐其能，羞其德，诸所尝施，唯恐见之"。

具体而言，武侠精神可概括为以下几点：

一是知恩必报，重义轻命。

中国最早期的武侠人格特征和伦理价值取向可以用一句"士为知己者死"来概括，这种精神最初起源于报恩意识，所谓"受人滴水之恩，当涌泉相报"。当时的著名侠士如晋国的豫让，吴国的专诸 (图5-12)、要离，齐国的聂政，卫国的荆轲都是这一类型。这些人生活在民间社会，不图富贵，崇尚节义，身怀勇力或武艺，为报知遇之恩不惜捐身以殉。

图5-12　汉画像石"专诸刺王僚"

公元前515年，吴国公子光趁吴王僚伐楚之机，设宴邀请吴王，并派刺客专诸伺机行刺。因吴王亲兵保卫森严，专诸把匕首藏于熟鱼腹中，上菜时刺死吴王，公子光夺取了政权。

二是诚信守诺，决不食言。

"其言必信，其行必果，已诺必诚"是对侠义精神中忠诚守信的最为精准的诠释。司马迁在《史记·游侠列传》中评价社会上的侠士时说："布衣之徒，设取予然诺，千里诵义，为死不顾世，此亦有所长，非苟而已也。"义强调说："要以功见言信，侠客之义又曷可少哉！"从司马迁的这些语句中可以看出"守信"已成为武侠最根本的人生观和价值观，也是武侠阶层伦理道德观念的核心之一。

三是急人所急，无畏艰险。

"千里赡急，不吝其生"这种行为规范来源于汉朝的武侠。《史记·游侠列传》中曾记载汉朝初期大侠朱家的故事。朱家以助人之急而闻名于关东，在战乱中救过许多人性命，其中在社会上有声望的就有百余人。但他施恩也不望报，从不以此炫耀。对于那些他曾经帮助过的人也都不愿相见。他扶危济困总是从最贫贱的人开始，从不吝惜钱财，自己的日子却过得异常简朴。朱家的这种一心帮助别人远远超过自己的行为影响了很多侠士。楚地的田仲以侠客闻名，却还是觉得自己的德行不如朱家，对待朱家如同自己的父亲一样尊敬。朱家"专趋人之急，甚己之私"和"振人不赡，先从贫贱始"的品质在后世历代侠士的身上都有体现。

四是除暴安良，打抱不平。

"除暴安良，打抱不平"这一准则也是武侠精神中较高的行为准则和伦理观念。《水浒传》中多有此类故事的描述：武松为了帮朋友夺回快活林而大战蒋门神，最终将蒋门神及其后台张都监一块杀掉；鲁达为了街头卖唱的父女二人打抱不平，除去了独霸一方的郑屠户；等等。这些典型的故事里都反映了除暴安良、打抱不平的侠义精神。

五是铁血丹心，为国为民。

武侠的气节与儒家的入世精神相融合形成了武侠精神的最高境界——为

图5-13　民国时的警官学校学生操练国术

国为民的大侠精神。习武的本意首先就在于保家，而当宗族、民族遇到危难之时，这种保家的动机就会升华为捍卫民族尊严。由此，宋以后的武侠也形成了爱祖国、爱民族、重大节的优良传统，"忧国忧民"的儒家思想与"以武任侠"的传统侠义相结合，将传统的狭隘的武侠精神升华到为国家、为民族、为百姓谋利当中。（图5-13）

　　总之，武侠精神的核心就在"忠义"二字，这也正是中国文化深处的东西。与西方以彰显自我为中心的个人英雄主义相比，中国的武侠精神更强调舍己为人，以为集体考虑为前提，体现出沉稳敦厚、中庸平和、快意恩仇的民族特质。中国武侠精神背后流淌的是华夏千年的儒道文化，它像一座丰碑，树立在每个深受中国文化熏陶的人的心里，让大家在聆听武侠那些慷慨悲歌的同时，涤荡民族精神锈蚀的尘埃。

▌光影童话

中国人酷爱武侠，这与中国的文化传统有极大关系。中国人在成长过程中受到的束缚太多，而对自由的向往得不到满足，于是这些欲望便在武侠小说和影视中得到淋漓尽致的释放。在中国人眼中，武侠的世界里不仅仅是刀光剑影，那里还有对公平、正义、自由的渴望和对完善人格、浪漫爱情、理想社会的追求，它更像一部专门写给成年人的童话。

成人的童话

作为中国特有的文学形式，武侠小说可谓中国文学史上的一大奇迹，其所反映的永恒不变的两大主题，即武侠人物高超的武艺和武侠特立独行的侠义精神，深深吸引了所有的中国人。1979年8月，华罗庚教授应邀出席在伯明翰举行的世界解析数论大会，与梁羽生不期而遇，两人聊得甚是投机。当时华罗庚刚刚看完梁羽生的武侠小说《云海玉弓缘》，觉得很有趣，并称武侠小说是"成人的童话"。后来，这竟成了武侠小说最广泛的代名词。

中国历史上的武侠小说由来已久。早在东汉时期，赵晔的野史《吴越春秋》中，已有刺客越女的故事。王充的论著《论衡》中有侠士荆轲的传说，其中有荆轲刺秦王的故事。大约在魏晋期间还出现了第一部专门描写荆轲的文言武侠小说《燕丹子》。到唐代文言武侠小说达到了鼎盛期，最具代表性的是《虬髯客传》（图5-14）《昆仑奴》《聂隐娘》《红线》（图5-15）

图5-14 《风尘三侠图》
（清，任颐绘）

　　《风尘三侠图》内容是描写隋末唐初虬髯客、李靖、红拂女的故事。其中李靖是位姿貌瑰玮、心怀大志的军事家；红拂女言辞气性倾城倾国，一心仰慕李靖，随其行走江湖；虬髯客则是浪迹天涯一侠客，三人结识后，相与结义。

图5-15　侠女红线和聂隐娘（任率英绘）

　　书中描写的红线"善弹阮咸，又通经史"，是个文武全才的侠女。聂隐娘则是一名技艺高超的女刺客。红线和聂隐娘均为名噪一时的传奇女侠。

四部小说。

北宋时期，短篇文言武侠小说的创作方兴未艾，但与唐代相比无论是气魄还是才华都大为逊色。至清代虽有纪昀《阅微草堂笔记》、乐钧《耳食录》等作品中的武侠小说，但是不能挽回文言武侠小说的颓势。

走入20世纪40年代，现代武侠小说登峰造极。名家迭出，巨著纷呈。平江不肖生、文公直、顾明道、白羽、朱贞木、还珠楼主等极负盛名，每人都写下十几部上百万字的作品。到了50年代，以金庸的《书剑恩仇录》和梁羽生的《龙虎斗京华》问世为代表，掀起一股新派武侠小说创作热，时至今日仍不衰竭。

新派武侠小说去掉了旧派小说陈腐的语言，构思新奇，结合传统公案与现代推理的表现手法，并充分汲取了外国小说的长处，把武侠、历史、言情三者结合起来，使武侠小说进入了一个崭新的境界。以金庸为例，其作品以历史、政治、经济、宗教、文化为背景，视角独特、情节曲折、描写细腻且深具人性，并且对于传统文化中的琴棋书画、诗词典章、天文历算、阴阳五行、奇门遁甲、儒道佛学均有涉猎，被誉为"综艺侠情派"。正是金庸个人颇为丰富的文史知识和瑰丽的想象，使得其笔下的武侠人物就像一

图5-16 金庸武侠小说插画（姜云行绘）

颗颗璀璨的明星闪耀着，他们的故事读起来都有一种引人入胜、直抒胸臆、荡气回肠的感觉。(图5-16)可以这么说，只要有华人的地方就有人看金庸小说，就有"金庸迷"。小说中那些跌宕起伏的故事情节、舍生忘死的侠义情怀，以及于细枝末节处体现出的博大精深的中华文化，让每一个人都沉醉于其中而不忍掩卷。

武侠小说是中国平民大众的文化，它实际上是平民人格意志的一种延伸。武侠小说中通过小人物的故事集中体现了中华民族长期孕育出的匡扶正义、行侠仗义、自强不息、忠孝报恩、修己正身、内圣外王等价值观念、审美情趣和思维方式。在大俗中彰显大雅，营造出别样的人文奇观。

图5-17　谭鑫培《定军山》剧照

《定军山》取材于《三国演义》第七十和七十一回，讲的是三国时期蜀魏用兵的故事。

功夫之星

随着时代的发展，这些原本只生活在武侠小说爱好者想象中的武侠人物，通过影视这种最为直观、大众的媒体，变成了屏幕上切实可见的武术明星，并且对社会产生了更大的影响力。中国第一部电影是1905年丰泰照相馆拍摄的《定军山》(图5-17)，其题材恰恰是武戏，从那时算起武侠电影至今已走过了100多年。

在流光溢彩的武侠影视世界中，武术的侠义精神成为了功夫影视的精神

图5-18　香港早期的功夫电影

支柱。无论是李小龙，还是成龙、李连杰的电影都将这一主题贯穿始终。他们扮演着打抱不平、为民除害、爱憎分明、疾恶如仇的阳刚角色，而这些角色正是现实生活中人们所渴求的。人们借助角色的力量在光与影的虚拟世界里纵横驰骋，宣泄对现实生活的不满，将正义伸张到底。功夫明星高超的技艺和凌厉的打斗，在观者的心中幻化成超人的能量，与电影的主人公一起痛击那些恃强凌弱、仗势欺人的恶势力。观者的身心也伴随着故事情节跌宕起伏而得以彻底释放，这就是功夫电影的魅力所在。（图5-18）

　　中国功夫明星们在无意中成为中国武术文化最强有力的推广使者。功夫已远远超过影片本身而成为外国人了解中国文化的一座桥梁。尽管这种认识有一定的片面性，但以此为切入点来认识中国文化无疑也是最强有力而深刻的。由此，功夫也成为中国文化的一张名片，世界各国人民在了解中国神秘功夫的同时也对悠远而深厚的中国文化产生了浓厚的兴趣。

　　谈及功夫明星首先想到的人物就是李小龙（图5-19）。李小龙短暂的一生充满了传奇色彩。生前辉煌至极，去世后仍然在世界上拥有如此大的影响力，可以说在世界范围内都是独一无二的。我们来看一看世人对李小龙的评价：由于在武术和电影等方面有卓越的贡献，他先后在1972年和1973年两度被国际权威武术杂志《黑带》评为世界七大武术家之一。美国人称他为"功夫之王"，泰国人称他为"武打至尊"，电影界称他为"功夫影

图5-19 功夫巨星李小龙

　　李小龙（1940—1973），原名李振藩，美籍华人，祖籍中国广东佛山。他是一位武术技击家、武术哲学家、著名的华人武打电影演员、世界武道改革先驱者、截拳道武道哲学的创立人，在全球各地具有极大影响力。

143

图5-20　李小龙电影《死亡游戏》剧照

帝"。他仅凭借《唐山大兄》《精武门》《猛龙过江》《龙争虎斗》和未拍完的《死亡游戏》（图5-20）这四部半功夫电影使全世界掀起功夫热，在全球共拥有两亿以上的影迷。许多外文字典和词典里都出现了一个新词："功夫"（kung fu）。同时，他还是截拳道的创始人，许多新型格斗项目如UFC（终极格斗）、MMA（综合格斗）都尊其为宗师。

李小龙何以取得如此成就？最为重要的是他将功夫、电影与哲学完美融合。武术是他一生奋斗的事业，而电影是他的职业，哲学是他的精神。由此他的功夫成为了哲学的艺术。功夫上，他以哲学为指导，融贯中西，吸纳百家，达到了那个时代的高峰；哲学上，他以功夫为考察对象，博览群书，思想自成体系，甚至美国部分大学还设立了有关"李小龙哲学"的课程。命运的安排让李小龙在出生仅三个月时就被父亲李海泉抱上银幕。从6岁到18岁，李小龙先后在近20部影片中饰演童角，可以说李小龙就是在电影世界中长大的，从小就表现出表演的天赋。他认为电影是最直观表达自我思想的艺术，他要通过电影来表达他超人的哲学和生活强者的理念。（图5-21）

图5-21　李小龙电影剧照

在他33年短暂的生命里，他最大限度地实现了自己的生命价值。他在银幕上塑造的形象多来自于草根。他们热情、善良、勇敢、不畏强暴，英雄的气概使全世界为之折服。尽管他在电影中痛击日本侵略者，但直到今日，李小龙仍被日本人尊为"武之圣者"。李小龙已经超越国界，他的形象代表了人性中对恶势力的不屈服，表现出了人性的光辉。

20世纪70年代末，继李小龙之后，成龙成为最被看好的功夫电影接班人。成龙的真功夫相较李小龙要稍逊一筹，但却能迎合时代的需要添加幽默诙谐的成分。成龙拍戏努力而刻苦，许多动作的完成都坚持不用替身。其代表作之一，1994年拍摄的《红番区》，在美国上映时创下高票房纪录。成龙为华人电影进军世界立下了汗马功劳，成为全世界家喻户晓的功夫明星。

随着功夫电影的不断发展和在世界影坛影响力的不断扩大，陆续出现了许多功夫明星，如李连杰、甄子丹（图5-22）、吴京、赵文卓等。由于接受

图5-22甄子丹电影《叶问》剧照

甄子丹，中国香港著名影视男演员、导演。参与多部西方电影的演出与幕后制作，与成龙、李连杰同为国际知名的华人功夫演员。

图5-23　李连杰电影《黄飞鸿》剧照

　　李连杰，著名电影演员、国际功夫巨星、武术家、慈善家。1982年主演电影《少林寺》轰动全球，其主演的"黄飞鸿系列"开创了新派武侠电影风潮。迄今已塑造出黄飞鸿、方世玉、张三丰、霍元甲等经典银幕英雄人物。

过系统的武术套路训练，这批影星具有扎实的表演功底，动作舒展大方、飘逸潇洒。以李连杰为例，他曾是五届全运会冠军，20世纪80年代初，以一部《少林寺》把国内武术普及推向至高点。90年代的《黄飞鸿》（图5-23）和《方世玉》系列，更是比较深入地体现出中国传统文化的韵味。李连杰于90年代末进军好莱坞，他绝美的武术表演轰动了世界，让世界认识到东方武术的华美与儒雅。

　　总之，功夫明星以及他们创作的优秀电影作品，向世人展示了中华武术博大而神秘的一面，对武术的发展起到了一定的推动作用。然而，毕竟电影只是一门艺术，武侠电影虚幻世界里所表现出的武艺与现实中的功夫有较大差距。随着现代技术的发展，越来越多的特效被运用到影视作品当中。然而，透过眼神来表现功夫内在真实而震撼人心的力量永远无法用电影技巧来弥补，这就是真正功夫的魅力。

参考文献

[1] 李印东. 武术释义[M]. 北京：北京体育大学出版社，2006.

[2] 唐兰. 中国青铜器的起源与发展[J]. 故宫博物院院刊，1979.

[3] 徐长青. 少林寺与中国文化[M]. 河南：中州古籍出版社，1993.

[4] 恩格斯. 家庭、私有制和国家的起源[M]. 北京：人民出版社，1972.

[5] 王兆春. 速读中国古代兵书[M]. 北京：蓝天出版社，2004.

[6] 杨力. 杨力讲易经[M]. 北京：北京科学技术出版社，2008.

[7] 周山. 《易经》在传统文化中的地位[J]. 上海社会科学院学术季刊，1990.

[8] 何宁. 淮南子集释[M]. 北京：中华书局，1998.

[9] 俞樾. 诸子平议[M]. 上海：上海书店，1988.

[10] 杨伯峻. 春秋左传注[M]. 北京：中华书局，1981.

[11] 王鸿鹏，等. 中国历代武状元[M]. 北京：解放军出版社，2004.

[12] 司马迁. 史记[M]. 北京：中华书局，1959.

[13] 李延寿. 北史[M]. 北京：中华书局，1974.

[14] 张之江. 武术与体育[J]. 教与学，1937.

[15] 郑杭生，等. 社会学概论新修[M]. 北京：中国人民大学出版社，2000.

[16] 姜义华. 胡适学术文集——哲学与文化[M]. 北京：中华书局，2001.

[17] 国家体委武术研究院. 中国武术史[M]. 北京：人民体育出版社，2003.

[18] 周锡瑞. 义和团运动的起源[M]. 张俊义，王栋，译. 江苏：江苏人民出版社，2005.

[19] 孙隆基. 中国文化深层结构[M]. 广西：广西师范大学出版社，2004.

[20] 陈序经. 东西文化观[M]. 北京：中国人民大学出版社，2004.

[21] 孙本文. 社会学原理[M]. 上海：商务印书馆，1935.

[22] 张岱年. 中国文化概论[M]. 北京：北京师范大学出版社，1998.

[23] 许慎. 说文解字[M]. 北京：中华书局，2004.

[24] 梁启超. 饮冰室合集[M]. 上海：中华书局，1932.

[25] 陈山.中国武侠史[M].上海：上海三联书店，1995.

[26] 陈公哲.精武会50年[M].辽宁：春风文艺出版社，2001.

[27] 梁漱溟.东西文化及其哲学[M].北京：商务印书馆，1999.

[28] 王宗岳.太极拳谱·十三势歌[M].北京：人民体育出版社，2001.

[29] 毛泽东.体育之研究[J].新青年，1917-04-01.

[30] 松田隆智.中国武术史略[M].四川：四川科学技术出版社，1984.

[31] 陈峰.武士的悲哀[M].陕西：陕西人民教育出版社，2000.

[32] 张孔昭.少林正宗拳经[M].北京：北京师范大学出版社，1989.

[33] 王联斌.中华武德通史[M].北京：解放军出版社，1998.

[34] 卞人杰.国技概论[M].南京：正中书局，1936.

[35] 吴殳.手臂录[M].北京：北京师范大学出版社，1989.

[36] 马国兴.古拳论阐释[M].陕西：陕西科学出版社，2001.

[37] 陈铁笙.少林拳术秘诀[M].北京：中国书店，1984.

[38] 沈寿.太极拳论谭[M].北京：人民体育出版社，1997.

[39] 闻一多.闻一多全集[M].北京：三联出版社，1982.

[40] 林语堂.中国人[M].北京：学林出版社，2001.

[41] 鲁迅.中国小说史略[M].北京：人民文学出版社，1973.

[42] 胡适.胡适之说儒[M].陕西：陕西师范大学出版社，2005.

[43] 董跃忠.武侠文化[M].北京：中国经济出版社，1995.

[44] 李约瑟.中国科学技术史[M].北京：科学出版社，1990.